Ines Paraire

Hörkompetenz-Training im Französischunterricht

Vielfältige Hörtexte und Aufgaben
3. und 4. Lernjahr

Auer

Wir haben uns für die Schreibweise mit dem Sternchen entschieden, damit sich Frauen, Männer und alle Menschen, die sich anders bezeichnen, gleichermaßen angesprochen fühlen. Aus Gründen der besseren Lesbarkeit für die Schüler*innen verwenden wir in den Kopiervorlagen das generische Maskulinum.

In den digitalen Zusatzmaterialien sind Word-Vorlagen, MP3-Audio-Dateien enthalten. Weitere Informationen entnehmen Sie bitte der beigefügten Liesmich.txt.

1. Auflage 2020

Coverfoto: Fotolia
Illustrationen: Corina Beurenmeister, Julia Flasche, Steffen Jähde, Kristina Klotz, Trantow Atelier
Audioproduktion: Flödl Ton- und Datenträger
Satz: Typographie & Computer, Krefeld
Druck und Bindung: Korrekt Nyomdaipari Kft
ISBN 978-3-403-**08440**-2

www.auer-verlag.de

*anspruchsvoller Text

Inhaltsverzeichnis digitales Zusatzmaterial

Alle Hörtexte finden Sie im digitalen Zusatzmaterial als Audioversion und als Lesetext. Außerdem gibt es zu allen Texten mindestens ein Arbeitsblatt.

Text Nr.	Name	Art	Dauer	Track
1	Un cadeau d'anniversaire bien trempé	Dialog	2:40	1
2	Mille tonnerres	Erzählung	2:54	2
3	Obélix, le super-héros gaulois	Erzählung	3:02	3
4	Un footballeur français hors norme	Infotext	2:31	4
5	Une drôle d'Allemagne (1ère partie)	Dialog	2:09	5
	Une drôle d'Allemagne (2ème partie)	Infotext	1:12	6
6	Le Commissaire Maigret retourne à l'école	Dialog	2:36	7
7	SOS Radio Marseille (1ère partie)	Radiosendung	2:40	8
	SOS Radio Marseille (2ème partie)	Radiosendung	1:57	9
8	Les portes de l'enfer (1ère partie)	Legende	2:20	10
	Les portes de l'enfer (2ème partie)	Legende	1:44	11
9	Riquet à la houppe (1ère partie)	Märchen	3:14	12
	Riquet à la houppe (2ème partie)	Märchen	2:46	13
10	Où est la Joconde? (1ère partie)	Erzählung	2:17	14
	Où est la Joconde? (2ème partie)	Infotext	1:47	15
11	N'oubliez pas les paroles (1ère partie)	Radiosendung	3:01	16
	N'oubliez pas les paroles (2ème partie)	Radiosendung	1:46	17
12	Le Parc Alpha	Infotext	2:53	18
13	Monsieur le Président (1ère partie)	Infotext	2:39	19
	Monsieur le Président (2ème partie)	Lied	1:27	20
14	Mona mon amour	Erzählung	2:38	21
15	Nos voisins qui parlent français (1ère partie)	Dialog	2:47	22
	Nos voisins qui parlent français (2ème partie)	Erzählung	1:30	23
16	Elise adore les fleurs (1ère partie)	Erzählung	2:23	24
	Elise adore les fleurs (2ème partie)	Erzählung	2:17	25
	Elise adore les fleurs (3ème partie)	Bericht	1:20	26
	Elise adore les fleurs (4ème partie)	Bericht	1:47	27
17	Je préfère l'école allemande (1ère partie)	Interview	2:38	28
	Je préfère l'école allemande (2ème partie)	Interview	1:49	29
18	L'école au paradis (1ère partie)	Erzählung	2:16	30
	L'école au paradis (2ème partie)	Erzählung	1:37	31

Das vorliegende Werk vereint verschiedene Textarten, abwechslungsreiche Übungsformen und motivierende Hörtexte mithilfe dieser die Schüler*innen ihre Hörkompetenz steigern können. Die verschiedenen Themen orientieren sich an den Lehrplänen für das dritte und vierte Lernjahr der französischen Sprache.

Der Einsatz dieser Hörtexte ist sehr vielfältig: thematische Ergänzung, so z. B. *Je préfère l'école allemande* zum Thema Schulsystem, als Wiedereinstieg nach den Ferien oder als Vertretungsstunde und vor allem als Arbeit an der Aufmerksamkeit, der Konzentration und dem Gedächtnis der Lernenden das ganze Schuljahr über.

Nach jedem Arbeitsblatt finden Sie nicht nur die Lösungen, sondern auch das jeweilige Transkript. Im digitalen Zusatzmaterial befinden sich die Audiodateien, die Hörtexte in Printversion als editierbare Word-Dateien sowie die Arbeitsblätter.

Ein Hörtext besteht in der Regel aus zwei Teilen, die entweder genau zusammengehören oder sich thematisch aufeinander beziehen. Je nach verfügbarer Zeit können Sie die Teile einzeln bzw. unabhängig voneinander einsetzen.

Hier ein paar Vorschläge zur Vorgehensweise

Einstiegsphase

Die Lernenden sollen zuerst einmal auf den Hörtext und das beinhaltete Thema eingestimmt werden. Dies kann durch ein Unterrichtsgespräch, ein Brainstorming oder durch Bilder zum Thema erfolgen, Sie können die Schüler*innen aber auch Hypothesen anhand der Überschrift aufstellen lassen. Wichtig dabei ist, dass ihr Vorwissen aktiviert wird.

Personen und Ortsnahmen sollten Sie grundsätzlich an die Tafel schreiben, je nach Leistungsniveau Ihrer Lernenden sollten Sie nach eigenem Ermessen noch zusätzliche Vokabeln und Strukturen geben.

Die Arbeitsblätter sollten mit den Lernenden kurz durchgegangen werden, um sicherzustellen, dass die Arbeitsanweisungen auch verstanden werden.

Machen Sie Ihren Schüler*innen Mut zur Lücke und erklären Sie ihnen, dass sie nicht jedes Wort verstehen werden und auch nicht müssen, da es sich zuerst um ein Globalverständnis handelt *Um was geht es in dem Text?* Und dann um das Verstehen einiger gezielter Informationen (siehe Arbeitsauftrag auf dem Arbeitsblatt).

Arbeitsphase

Jede*r Schüler*in erhält eine Kopie des Arbeitsblattes. Sollte das Arbeitsblatt mit einer Übung vor dem Hören beginnen, vergleichen Sie diese zuerst im Plenum. Nach dem zweimaligen Hören, also nach Ende des ersten Teiles, können die Lernenden ihre Ergebnisse bereits mit ihrem Partner vergleichen. Bei leistungsstarken Klassen kann die Besprechung der Lösungen auch erst am Ende beider Teile erfolgen.

Vertiefung

Je nach Leistungsniveau der Klasse und Lernziel ergeben sich verschiedene Möglichkeiten zum weiteren Arbeiten mit den Texten. Diese dritte Phase nach dem eigentlichen Hörverständnis soll eine Fixierung des neuerworbenen Wortschatzes und der Strukturen im Langzeitgedächtnis erreichen.

Sie können den Text z. B. ein drittes Mal anhören und dabei bestimmte Textpassagen als Intonationsübung nachsprechen lassen oder Sie geben die Transkripte zum Mitlesen, um sie dann als laute Leseübung zur Verbesserung der Aussprache einzusetzen. Die Transkripte können auch zur Differenzierung verwendet werden, indem man sie als Hilfe zum Hörverständnis bei schwächeren Schüler*innen einsetzt.

Sie können den Text im Anschluss nacherzählen, aber auch gemeinsam mit der Klasse eine kurze Zusammenfassung des Hörtextes schriftlich an der Tafel erarbeiten lassen, um den Wortschatz weiter zu festigen.

Sie können das Hörverstehen auch in eine kreative Schreibübung münden lassen, in der die Schüler*innen eigene kleine Texte zum entsprechenden Thema verfassen.

Ich wünsche Ihnen viel Spaß und Erfolg mit Ihren Schüler*innen!

Ines Paraire

Folgende Icons wurden als Strukturierungshilfe verwendet:

 = Arbeitsblatt

 = Lesetext

 = Lösungen

Texte 1 de la compréhension orale: Un cadeau d'anniversaire bien trempé

1. Avant d'écouter le dialogue entre Hugo et son grand-père, lisez les mots nouveaux dans la case ci-dessous.

bien trempé:	klatschnass, aber auch: stark
une dégustation de vin:	eine Weinverkostung
un essai:	ein Versuch
une écluse:	eine Schleuse
inauguré:	eingeweiht
à creuser:	zu graben

2. Lisez d'abord les phrases ci-dessous. Écoutez maintenant la conversation et cochez la bonne case.

		VRAI	FAUX
a)	Le grand-père de Hugo fête ses 80 ans.		
b)	Le grand-père de Hugo a droit à trois essais pour deviner son cadeau.		
c)	Le grand-père de Hugo a deviné son cadeau.		
d)	Le cadeau de Hugo pour son Papi est un billet de concert.		
e)	Le Canal du Midi va de Toulouse à l'Atlantique.		
f)	Hugo et sa famille vont accompagner leur grand-père.		

3. Lisez d'abord les phrases ci-dessous. Écoutez encore une fois la conversation, puis cochez la bonne réponse.

a) Qui a parlé du Canal du Midi à Hugo?	☐ son père	☐ son professeur
b) Le Canal du Midi relie Toulouse à	☐ Montpellier	☐ Béziers
c) Qui est l'architecte du Canal du Midi?	☐ Pierre-Paul Riquet	☐ Paul Ricard
d) Quand le canal a-t-il été inauguré?	☐ 1682	☐ 1862
e) Combien de kilomètres restaient-ils à creuser après la mort de l'architecte?	☐ 2,4 km	☐ 1,6 km
f) Qui a fini le Canal du Midi après la mort de l'architecte?	☐ ses deux frères	☐ ses deux fils

4. Écoutez encore une fois la conversation, puis complétez le texte.

Découvrez le Canal du Midi à bord d'un ____________. Faites-vous raconter son ____________ royale. Admirez les écluses, les aqueducs et les ____________ canaux. Partez pour une ____________ splendide et déjeunez à bord.

Texte 1 de la compréhension orale: Un cadeau d'anniversaire bien trempé

1

Hugo: Joyeux anniversaire Papi. J'ai un super cadeau pour tes 80 ans. Ouvre-le vite! Voilà ton cadeau!

Papi: Merci Hugo. Voyons voir ce qu'il y a dans l'enveloppe.

Hugo: Tu ne devineras jamais ce que c'est. Tu as trois tentatives pour essayer de deviner. Vas-y!

Papi: OK, j'y vais. Est-ce par hasard une invitation à une dégustation de vin?

Hugo: Non, tu as droit à encore deux essais.

Papi: Est-ce par hasard un billet de concert de Céline Dion?

Hugo: Non plus. Ta dernière chance maintenant!

Papi: Alors, c'est peut-être un ticket pour le Grand prix de France de Formule 1?

Hugo: Tu as perdu. Je le savais. Vas-y, ouvre maintenant l'enveloppe. Tu vas être surpris!

Papi: Il y a une carte sur laquelle est écrit:
Découvrez le Canal du Midi à bord d'un bateau. Faites-vous raconter son histoire royale. Admirez les écluses, les aqueducs et les ponts canaux. Partez pour une journée splendide et déjeunez à bord.

Hugo: C'est une invitation pour une croisière sur le Canal du Midi avec repas à bord. Et on viendra tous avec toi!

Papi: Quel beau cadeau! Merci beaucoup. Mais dis-moi Hugo, tu connais un peu l'histoire du canal?

Hugo: Oui, notre professeur d'histoire-géo nous en a parlé. C'est un canal qui relie Toulouse à la mer Méditerranée. Il va donc de Toulouse à Béziers. Il a été construit par Pierre-Paul Riquet et inauguré en 1682.

Papi: Bravo Hugo. Tu sais beaucoup de choses sur ce canal. Mais peut-être que tu ne sais pas qu'à la mort de l'architecte Pierre-Paul Riquet, il restait encore 1,6 km à creuser. Ce sont les deux fils de Riquet qui ont finalement fini le canal. Une vraie aventure de famille!

Hugo: Comme notre balade sur le canal pour ton anniversaire!

Lösungen

2. vrai a, b, f   faux c, d, e
3. a) son professeur   b) Béziers   c) Pierre-Paul Riquet   d) 1682   e) 1,6 km   f) ses deux fils
4. Découvrez le Canal du Midi à bord d'un **bateau**. Faites-vous raconter son **histoire** royale. Admirez les écluses, les aqueducs et les **ponts** canaux. Partez pour une **journée** splendide et déjeunez à bord.

Texte 2 de la compréhension orale: Mille tonnerres

1. Écrivez les mots correspondants sous leurs dessins respectifs. Servez-vous des mots de la case ci-dessous:

un fox terrier   un marin   Angleterre   un poisson   un château   une moule

a) 

____

b) 

____

c) 

____

d) 

____

e) 

____

f) 

____

2. Avant d'écouter le texte, lisez les nouveaux mots dans la case ci-dessous.

Tintin:	Tim
Milou:	Struppi
mille tonnerres, tonnerres de Brest:	Schockschwerenot
une adaptation cinématographique:	eine Kinofassung
en vain:	umsonst
un juron:	ein Fluchen
un coup de gueule:	ein Protestgeschrei
un loup de mer:	ein Seewolf

3. Lisez ensuite les questions ci-dessous. Écoutez maintenant le récit, puis répondez aux questions.

   a) Qu'est-ce que l'auteur voulait que ses parents lui achètent?

   ____

   b) Quel est le personnage préféré de l'auteur?

   ____

c) Le nom de Haddock est le nom de quel animal?

____

d) Où l'auteur a-t-il appris ce que veut dire le nom Haddock?

____

e) Qui le capitaine Haddock rencontre-t-il pour la première fois dans la BD *Le Crabe aux pinces d'or*?

____

f) Quelle est la boisson préférée du capitaine Haddock?

____

4. Écoutez encore une fois le texte, puis complétez-le à l'aide des mots de la case ci-dessous:

pull	noire	amis	parfaite	courage	amusants	nom
	voyage	fumé	surprise	connus	tempérament	

Casquette, barbe ________, pipe et ______ bleu, voilà le capitaine Haddock. Archibald pour les ________ . Il faut encore ajouter ses jurons bien ___________ comme «Tonnerre de Brest!». Et l'image est ___________! Ses jurons qui sont d'ailleurs ____________ et pas grossiers. J'aime Archibald Haddock pour son ____________________, son côté maladroit, son __________ mais aussi pour ses coups de gueule. Je me suis toujours demandé ce que voulait dire son ______ Haddock. Quelle était ma _____________ quand on m'a servi, lors d'un __________ en Angleterre, du Haddock, un poisson _______.

Texte 2 de la compréhension orale: Mille tonnerres

2

Qui ne connaît pas le courageux journaliste Tintin et son fidèle compagnon Milou? Qui n'a pas lu leurs aventures imaginées par le dessinateur belge Hergé ou regardé leurs adaptations au cinéma ou à la télé?

Tintin et Milou font sans aucun doute partie du patrimoine francophone, ce sont deux personnages qui ont marqué toute une jeunesse. Moi-même, j'en suis un grand fan et j'ai lu toutes les BD et regardé toutes les adaptations cinématographiques et télévisuelles. De plus, je n'arrêtais pas de supplier mes parents de m'acheter un fox terrier blanc qui ressemblerait à Milou, mais en vain.

Cependant mon personnage préféré de l'univers de Tintin est le capitaine Haddock. Casquette, barbe noire, pipe et pull bleu, voilà le capitaine Haddock. Archibald pour les amis. Il faut encore ajouter ses jurons bien connus comme «Tonnerre de Brest!». Et l'image est parfaite! Ses jurons qui sont d'ailleurs amusants mais pas grossiers. J'aime Archibald Haddock pour son tempérament, son côté maladroit, son courage mais aussi pour ses coups de gueule. Je me suis toujours demandé ce que voulait dire son nom Haddock. Mais quelle surprise quand on m'a servi, lors d'un voyage en Angleterre, du Haddock, un poisson fumé. Il porte donc le nom d'un poisson. Remarquez, rien de surprenant pour un marin. Car le capitaine Haddock est un vrai marin à 100 %. Même quand il va quitter l'océan pour vivre dans un château, il va rester le vieux loup de mer que j'adore.

Peut-être avez-vous maintenant envie de relire les aventures de Tintin comme Le Crabe aux pinces d'or où Tintin rencontre pour la première fois le capitaine Haddock ou encore L'étoile mystérieuse où le capitaine Haddock, qui adore le whisky, est président d'une ligue anti-alcoolique. En tout cas, je vous salue, Marins d'eau douce et Moules à gaufres!

Lösungen

2. a) une moule b) un fox terrier c) un château d) un marin e) Angleterre f) un poisson
3. a) L'auteur voulait que ses parents lui achètent un fox terrier blanc (qui ressemble à Milou).
   b) Le personnage préféré de l'auteur est le capitaine Haddock.
   c) Le nom de Haddock est le nom d'un poisson (fumé).
   d) L'auteur a appris ce que veut dire le nom Haddock en Angleterre.
   e) Le capitaine Haddock rencontre pour la première fois Tintin dans la BD *Le Crabe aux pinces d'or*.
   f) La boisson préférée du capitaine Haddock est le whisky.

4. Casquette, barbe **noire**, pipe et **pull** bleu, voilà le capitaine Haddock. Archibald pour les **amis**. Il faut encore ajouter ses jurons bien **connus** comme «Tonnerre de Brest!». Et l'image est **parfaite**! Ses jurons qui sont d'ailleurs **amusants** et pas grossiers. J'aime Archibald Haddock pour son **tempérament**, son côté maladroit, son **courage** mais aussi pour ses coups de gueule. Je me suis toujours demandé ce que voulait dire son **nom** Haddock. Quelle était ma **surprise** quand on m'a servi, lors d'un **voyage** en Angleterre, du Haddock, un poisson **fumé**.

Texte 3 de la compréhension orale: Obélix, le super-héros gaulois

1. Notez que la plupart des personnages de la BD «Astérix» ont un autre nom en Allemand. Voilà deux exemples:

Panoramix = Miraculix	Assurancetourix = Troubadix

2. Écrivez les mots correspondants sous leurs dessins respectifs. Servez-vous des mots de la case ci-dessous.

le sanglier	le Romain	le Grand Splash	le chou	le menhir

a) 

____

b) 

____

c) 

____

d) 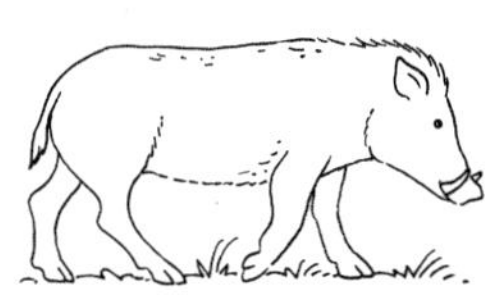

____

e) 

____

3. Avant d'écouter le récit sur l'univers d'Astérix, regardez les nouveaux mots dans la case ci-dessous.

la Gaule:	Gallien
un parc d'attractions:	ein Vergnügungspark
distribuer des baffes:	Ohrfeigen austeilen
une force surhumaine:	eine übermenschliche Kraft

4. Reliez les nombres avec la phrase correcte.

a) 30 avril 1989	Dans ce parc, il y a ____ attractions.
b) 42	Le film «Astérix aux Jeux olympiques» est sorti en _______.
c) 30	Le tout premier album «Astérix le Gaulois» a été publié en _______.
d) 2008	Une de ses attractions est le cinéma en ____ D.
e) 1961	Le parc se trouve à ____ km de Paris dans le département de l'Oise.
f) 2 millions	Chaque année, il y a plus de ____ de visiteurs.
g) 4	Le parc a été inauguré le ______________________.

Texte 3 de la compréhension orale: Obélix, le super-héros gaulois

3

Nous sommes en 50 avant Jésus-Christ: Toute la Gaule est occupée par les Romains. Toute? Non. Un petit village résiste ...

Connaissez-vous ce début d'une BD française très populaire?

Bravo! Oui, c'est le début de la BD «Astérix». Tout le monde ou presque a lu un des 38 albums de René Goscinny, comme par exemple le tout premier album «Astérix le Gaulois» de 1961. Ou vous avez vu peut-être un des films comme «Astérix aux Jeux olympiques» de 2008. Mais savez-vous qu'il existe également un parc d'attractions du même nom: le Parc Astérix. Il se trouve à 30 km de Paris dans le département de l'Oise. Il a été inauguré le 30 avril 1989 et il compte chaque année plus de 2 millions de visiteurs. Dans ce parc, il y a 42 attractions, comme, par exemple le petit train, le cinéma en 4 D ou encore le Grand Splash, une attraction aquatique. Ce parc à thèmes reconstitue l'univers de la bande dessinée d'Astérix. On y trouve bien sûr les personnages cultes: Astérix, César, le druide Panoramix et la belle Falbala. Mais également un autre héros. Si je vous dis: menhir, sanglier et Idéfix, à qui pensez-vous? À Obélix bien sûr! Ce gros gaulois qui adore distribuer des baffes à volonté aux Romains, mais qui a quand même un grand cœur, c'est un héros sans pareil. C'est sa force surhumaine et l'intelligence de son ami Astérix qui représentent l'arme la plus puissante des Gaulois contre César et son armée. Si ce combat contre César reste pour Astérix une nécessité, il est pour Obélix un grand plaisir.

Alors si vous voulez vous amuser comme Obélix avec les Romains, visitez donc ce parc d'attractions en famille ou en groupe, aidez Obélix à livrer les Menhirs, promenez son chien Idéfix et goûtez son plat préféré, le sanglier car, comme disait Obélix: «Les choux, j'aime pas tellement!».

Lösungen

2. a) le Grand Splash b) le chou c) le Romain d) le sanglier e) le menhir
4. a) Le parc a été inauguré le 30 avril 1989.
   b) Dans ce parc, il y a 42 attractions.
   c) Le parc se trouve à 30 km de Paris dans le département de l'Oise.
   d) Le film «Astérix aux Jeux olympiques» est sorti en 2008.
   e) Le tout premier album «Astérix le Gaulois» a été publié en 1961.
   f) Chaque année il y a plus de 2 millions de visiteurs.
   g) Une de ses attractions est le cinéma en 4 D.

Texte 4 de la compréhension orale: Un footballeur français hors norme

1. Avant d'écouter le texte sur le footballeur, lisez les mots nouveaux dans la case ci-dessous.

le but:	das Tor
marquer un but:	ein Tor schießen
surnommer qn.:	jmdm. einen Spitznamen geben
l'attaquant:	der Angreifer
l'entraîneur:	der Trainer
le chouchou:	der Liebling

2. Lisez d'abord les phrases ci-dessous. Écoutez maintenant le texte et soulignez la bonne réponse.

   a) À **19 / 18 / 20** ans, il était déjà champion du monde avec l'équipe de France.
   b) Il est ainsi le joueur le plus **sportif / jeune / payé** au monde à avoir déjà marqué à cet âge 100 buts dans l'équipe nationale.
   c) Kylian a **vécu / travaillé / grandi** à Bondy, une petite ville à côté de Paris.
   d) Dès son plus jeune âge, il accompagnait son père au **travail / marché / stade**.
   e) En 2016, Kylian passe son **bac / permis / examen**.
   f) De plus, il est très **drôle / optimiste / intelligent** et il a de l'humour.
   g) Mais en fait, je ne vous ai pas donné son **numéro / nom / métier**!

3. Lisez d'abord les phrases ci-dessous. Puis écoutez une deuxième fois le texte et complétez les phrases.

   Mais qui est-ce jeune ____________ qui joue déjà dans son 4ème ________: Paris Saint-Germain? Son ______________ est Kylian et il est né le 20 ________________ 19____ à Paris. Sa ________ vient d'Algérie et son père du ______________. Il a deux _________ qui sont également footballeurs. Une grande ____________ sportive! C'est à Bondy qu'il a fait ses _______________ pas dans le football. On le surnomme même «le ________ de Bondy».

4. Traduisez la phrase ci-dessous:

   Un footballeur qui cite Albert Camus* lors d'une conférence de presse, ça ne se voit pas souvent dans le monde du football.

(*Albert Camus est un philosophe et écrivain français)

Texte 4 de la compréhension orale: Un footballeur français hors norme

4

Aujourd'hui, je vais vous présenter un footballeur français hors norme. À 19 ans, il était déjà champion du monde avec l'équipe de France. Il a marqué son $100^{\text{ème}}$ but dans sa carrière professionnelle à 20 ans seulement. Il faut le faire! Il est ainsi le joueur le plus jeune au monde à avoir marqué 100 buts dans l'équipe nationale. Mais qui est ce jeune joueur qui est déjà dans son $4^{\text{ème}}$ club, le Paris Saint-Germain? Son prénom est Kylian et il est né le 20 décembre 1998 à Paris. Sa mère vient d'Algérie et son père du Cameroun. Il a deux frères qui sont également footballeurs. Une grande famille sportive! Kylian a grandi à Bondy, une petite ville à côté de Paris. C'est ici qu'il a fait ses premiers pas dans le football. On le surnomme même «le prince de Bondy». Dès son plus jeune âge, il accompagnait son père au stade où celui-ci travaillait comme entraîneur de foot pour les jeunes. En 2016, Kylian passe son bac car il veut, lui aussi, devenir entraîneur comme son père plus tard.

La grande idole de son enfance était Ronaldo. Aujourd'hui on le compare souvent à lui, mais maintenant, c'est lui, Kylian, qui est devenu une idole. Il porte actuellement le numéro 7 et occupe le poste d'attaquant. Il court comme un lapin. Quelle vitesse! C'est incroyable!

Il est aujourd'hui le chouchou des médias. Un footballeur qui cite Albert Camus lors d'une conférence de presse, ça ne se voit pas souvent dans le monde du football. De plus, il est très intelligent et il a de l'humour. Si vous voulez en savoir davantage sur lui, visitez son site internet. Mais en fait, je ne vous ai pas donné son nom! Mais je suis sûr que vous l'avez déjà deviné!

Lösungen

Il s'agit du footballeur Mbappé.

2. a) À **19** ans, il était déjà champion du monde avec l'équipe de France.
   b) Il est ainsi le joueur le plus **jeune** au monde à avoir déjà marqué à cet âge 100 buts dans l'équipe nationale.
   c) Kylian a **grandi** à Bondy, une petite ville à côté de Paris.
   d) Dès son plus jeune âge, il accompagnait son père au **stade**.
   e) En 2016, Kylian passe son **bac**.
   f) De plus, il est très **intelligent** et il a de l'humour.
   g) Mais en fait, je ne vous ai pas donné son **nom**!
3. Mais qui est ce jeune **joueur** qui joue déjà dans son $4^{\text{ème}}$ **club**: Paris Saint-Germain? Son **prénom** est Kylian et il est né le 20 **décembre** 19**98** à Paris. Sa **mère** vient d'Algérie et son père du **Cameroun**. Il a deux **frères** qui sont également footballeurs. Une grande **famille** sportive! C'est à Bondy qu'il a fait ses **premiers** pas dans le football. On le surnomme même «le **prince** de Bondy».
4. Das geschieht nicht oft im Fußball, dass ein Fußballer auf einer Pressekonferenz Albert Camus zitiert. (anderer Wortlaut ist möglich)

Texte 5 de la compréhension orale: Une drôle d'Allemagne

Première partie

1. Avant d'écouter Cécile et Juliette, lisez les mots nouveaux de la case ci-dessous.

la choucroute:	das Sauerkraut
la tapenade:	die Olivenpaste
la pissaladière:	eine Art Zwiebel-Sardellen-Pizza aus Nizza
avoir quelqu'un:	jemanden reinlegen

2. Écoutez maintenant le dialogue et répondez aux questions suivantes.
   a) Est-ce que Juliette a passé de bonnes vacances? ______________________________
   b) Où Juliette est-elle allée pendant ses vacances? ______________________________
   c) Avec qui est-elle partie? ______________________________
   d) Qu'a-t-elle fait pendant ses vacances?
      Le matin: ______________________ L'après-midi: ______________________
   e) Où Cécile est-elle allée pendant ses vacances? ______________________________
   f) Avec qui est-elle partie? ______________________________
   g) Qu'a-t-elle fait pendant ses vacances? ______________________________
   h) Quel temps faisait-il? ______________________________
   i) A-t-elle parlé allemand? ______________________________

3. Écoutez une deuxième fois le dialogue et cochez ce que Cécile et sa tante ont bu et mangé pendant leurs vacances.

☐ de la bière ☐ du vin local ☐ de la choucroute ☐ de la tapenade
☐ du pain ☐ de la salade Niçoise ☐ de la charcuterie ☐ de la pissaladière
☐ des produits régionaux

Deuxième partie

1. Écoutez le texte et complétez-le.
   Il existe en effet, une petite commune dans le Midi à ______ au nord de Marseille et à ______ à l'est de Manosque qui s'appelle Allemagne en Provence. Il y a ______ habitants dans ce charmant village. On peut visiter un ____________ de l'époque de la Renaissance et une vieille ___________. Si on veut dormir dans le village, on a le choix entre le ____________, l'________ ou une ____________ d'hôte. Allemagne en Provence est un bon point de départ pour ___________ le Lubéron, un _________ naturel avec ses champs de lavande.

Texte 5 de la compréhension orale: Une drôle d'Allemagne

Première partie 5

Cécile: Salut Juliette. Comment ça va? As-tu passé de bonnes vacances?

Juliette: Salut Cécile. Merci. Oui, mes vacances étaient super. Je suis allée en Bretagne avec ma sœur et mes parents. Nous avons loué une maison avec vue sur la mer. C'était génial. Je me suis baignée tous les jours dans la mer. Avec ma sœur, on allait le matin à la plage. L'après-midi, on faisait de belles promenades et j'ai mangé beaucoup de glaces aussi. Et toi? Tu es partie aussi ou tu es restée à la maison?

Cécile: Je suis partie une semaine en Allemagne avec ma tante et son chien. On a fait du camping. On s'est bien amusées mais il faisait très chaud. 30 °C tous les jours.

Juliette: As-tu parlé un peu allemand?

Cécile: Non, pas besoin. Les gens parlaient un excellent français là-bas.

Juliette: Et qu'est-ce que tu as fait et visité en Allemagne?

Cécile: On a fait de belles balades avec le chien, on s'est baignées dans un lac et dans une rivière, et on a goûté à des produits régionaux sur les marchés. On a très bien mangé. La cuisine était très bonne.

Juliette: Ah, tu as certainement mangé de la choucroute, du bon pain et de la charcuterie et ta tante a bu de la bière.

Cécile: Pas du tout. On a mangé de la tapenade, de la pissaladière et de la salade Niçoise et ma tante a surtout bu du vin local.

Juliette: Mais, tu étais vraiment en Allemagne?

Cécile: Oui oui, mais à Allemagne en Provence.

Juliette: Je ne connais pas ce lieu. C'est quoi?

Cécile: C'est un village qui s'appelle Allemagne en Provence mais qui se trouve bien en France. Haha! Je t'ai bien eue, pas vrai!

Juliette: Oui, tu m'as bien eue!

Deuxième partie 6

Il existe en effet, une petite commune dans le Midi, à 100 km au nord de Marseille et à 28 km à l'est de Manosque, qui s'appelle Allemagne en Provence. Il y a 500 habitants dans ce charmant village. On peut visiter un château de l'époque de la Renaissance et une vieille église. Si on veut dormir dans le village, on a le choix entre le camping, l'hôtel ou une chambre d'hôte. Allemagne en Provence est un bon point de départ pour visiter le Lubéron, un parc naturel avec ses champs de lavande. Vous allez vous demander pourquoi ce village porte ce nom. Il y a plusieurs explications. Une tribu germanique aurait fondé une colonie ici et ses membres s'appelaient les Alamans. Alors ne soyez pas surpris si vous rencontrez un Français qui vous dit qu'il vient d'Allemagne.

Lösungen

2. a) Oui, Juliette a passé de bonnes vacances.
   b) Juliette est allée en Bretagne pendant ses vacances.
   c) Elle est partie avec sa sœur et ses parents.
   d) Le matin: elle allait à la plage avec sa sœur.
   L'après-midi: elle faisait de belles promenades et elle a mangé beaucoup de glaces.
   e) Cécile est allée en Allemagne pendant ses vacances.
   f) Elle est partie avec sa tante et son chien.
   g) Pendant ses vacances, elle a fait de belles balades avec le chien, elle s'est baignée dans un lac et dans une rivière et elle a goûté à des produits régionaux sur les marchés.
   h) Il faisait très chaud, 30 °C.
   i) Elle n'a pas parlé allemand.
3. du vin local, de la tapenade, de la salade Niçoise, de la pissaladière, des produits régionaux
4. Il existe en effet, une petite commune dans le Midi à **100 km** au nord de Marseille et à **28 km** à l'est de Manosque qui s'appelle Allemagne en Provence. Il y a **500** habitants dans ce charmant village. On peut visiter un **château** de l'époque de la Renaissance et une vieille **église**. Si on veut dormir dans le village, on a le choix entre le **camping**, l'**hôtel** ou une **chambre** d'hôte. Allemagne en Provence est un bon point de départ pour **visiter** le Lubéron, un **parc** naturel avec ses champs de lavande.

Texte 6 de la compréhension orale: Le Commissaire Maigret retourne à l'école

1. Avant d'écouter le dialogue entre le Commissaire Maigret et Monsieur Gastin, lisez les mots nouveaux de la case ci-dessous.

tuer:	töten	la confiance:	das Vertrauen
le coupable:	der Verdächtige	la retraite:	die Rente

2. Lisez d'abord les phrases ci-dessous. Écoutez maintenant la conversation et cochez si ces affirmations sont correctes ou fausses.

		VRAI	FAUX
a)	Léonie Birard est morte.		
b)	Tout le village détestait Léonie.		
c)	Monsieur Gastin l'a tuée.		
d)	Léonie travaillait à la gare.		
e)	Elle a pris sa retraite il y a quatre ans.		
f)	Monsieur Gastin est très populaire dans son village		

3. Écoutez une deuxième fois le dialogue. Quels mots entendez-vous? Cochez le mot correct.

cartes postales | téléphone | un étranger | métropole | fille | nièce

affaire | argent | histoire | bijoux | policier

instituteur | femme | e-mail | victime | secret

4. Trouvez un maximum d'informations sur Léonie Birard.

Son âge: ____________________

Sa mort (le jour et l'heure): ____________________

Famille (qui est-elle et quelle relation a-t-elle avec elle):

____

____

Sa profession: ____________________

Son caractère: ____________________

Sa relation avec les villageois: ____________________

Texte 6 de la compréhension orale: Le Commissaire Maigret retourne à l'école

7

Monsieur Gastin: Monsieur le Commissaire. Aidez-moi! J'ai quitté mon village hier soir. J'ai pris le train de nuit. Je suis arrivé tout de suite ici.

Maigret: Pourquoi êtes-vous venu me voir? Je ne comprends rien à votre histoire.

Monsieur Gastin: Les gens de mon village pensent que j'ai tué Léonie Birard. Mais je ne l'ai pas tuée. Je la détestais oui, mais c'est tout le village qui la détestait.

Maigret: Pourquoi êtes-vous venu me voir en particulier?

Monsieur Gastin: J'ai confiance en vous, Commissaire Maigret. Je suis sûr que vous allez retrouver le vrai coupable.

Maigret: On va voir ça. Elle est morte quand, cette Léonie?

Monsieur Gastin: Elle a été tuée mardi matin. Vers dix heures du matin.

Maigret: Et on pense que c'est vous?

Monsieur Gastin: Vous savez c'est un petit village. Il n'y a que trois cent quarante habitants. Vous connaissez ce genre de village, Commissaire Maigret.

Maigret: Continuez. Parlez-moi de la victime. Elle était comment?

Monsieur Gastin: Elle avait soixante-six ans. Elle travaillait à la poste et avait pris sa retraite il y a huit ans. Elle ne sortait pratiquement plus de chez elle. C'était une méchante femme. Elle détestait tout le monde.

Maigret: Pourquoi?

Monsieur Gastin: Aucune idée! Elle ne s'était jamais mariée. Elle avait une nièce mais les deux femmes ne se voyaient plus. Léonie ne voulait pas que sa nièce se marie. Personne ne l'aimait au village car elle lisait les cartes postales des autres habitants et ouvrait même les lettres.

Maigret: Elle était donc au courant de tous les secrets du village.

Monsieur Gastin: Certainement, mais bon, ils ne m'aiment pas non plus au village.

Maigret: Et pourquoi?

Monsieur Gastin: Parce que je ne suis pas d'ici. Je suis un étranger pour eux. De plus, je ne suis qu'un pauvre instituteur. Ils ne me respectent pas.

Maigret: Racontez-moi plus sur votre village. Votre affaire commence à m'intéresser.

Lösungen

2. vrai: a, b   faux: c, d, e, f
3. cartes postales, un étranger, nièce, affaire, histoire, instituteur, secret
4. Son âge: Elle a soixante-six ans.
   Sa mort: Elle a été tuée mardi matin. Vers dix heures.
   Famille: Elle ne s'était jamais mariée. Elle avait une nièce mais les deux femmes ne se voyaient plus. Léonie ne voulait pas que sa nièce se marie.
   Profession: Elle travaillait à la poste et avait pris sa retraite il y a huit ans.
   Caractère: Elle ne sortait pratiquement plus de chez elle. C'était une méchante femme. Elle détestait tout le monde.
   Sa relation avec les villageois: Personne ne l'aimait au village car elle lisait les cartes postales des autres habitants et ouvraient même les lettres. Elle était au courant de tous les secrets du village.

Texte 7 de la compréhension orale: SOS Radio Marseille

Première partie

1. Avant d'écouter l'émission radio, lisez les mots nouveaux dans la case ci-dessous.

une trottinette:	ein Roller
en libre-service:	in Selbstbedienung
un camion de ramassage:	LKW, der die Roller einsammelt
un trajet:	eine Strecke
un effort:	eine Anstrengung
un moyen ludique:	ein spielerisches (Fortbewegungs)mittel
un texto:	eine SMS

2. Écoutez maintenant l'émission de Patrick Breton et répondez aux questions suivantes.

a) Quel temps fait-il à Marseille? ________________________________

b) Quel est le sujet de l'émission radio? ________________________________

c) Quelles sont les quatre villes mentionnées en plus de Marseille? ________________

____

d) Quel numéro faut-il appeler? ________________________________

e) A quel numéro faut-il envoyer un texto? ________________________________

3. Écoutez une deuxième fois l'émission de Patrick Breton et complétez les phrases. Servez-vous des bouts de phrases dans la case. Attention, il y en a deux de trop.

> le soir un camion les ramasse / n'importe où en ville et quand on veut / il faut payer 1,50 € / ça coûte 1 € / il faut un smartphone / c'est un moyen ludique pour les touristes / on peut rouler jusqu'à 30 km/h

a) Pour réserver une trottinette, ________________________________.

b) Pour débloquer la trottinette, ________________________________.

c) On peut laisser sa trottinette ________________________________.

d) Si on utilise la trottinette pendant 10 min, ________________________________.

e) Il y a déjà eu des accidents, car ________________________________.

Deuxième partie

4. Écoutez maintenant les témoignages de Jean-Pierre, de Luc et de Clémence. Cochez la bonne réponse dans le tableau ci-dessous.

Jean-Pierre	☐ pour	☐ contre	☐ entre les deux
Luc	☐ pour	☐ contre	☐ entre les deux
Clémence	☐ pour	☐ contre	☐ entre les deux

5. Écoutez une deuxième fois et reliez les arguments qui vont ensemble et attribuez-les à la bonne personne. Attention un argument sera de trop.

Jean-Pierre

Luc

Clémence

les utilisateurs abandonnent les trottinettes sur les trottoirs

on est indépendant et on fait du sport

la police devrait faire plus de contrôles

sur le plan écologique, c'est une catastrophe

les utilisateurs de trottinettes doivent respecter les autres

c'est tellement pratique

pour le prix d'un ticket de bus, on peut faire 5 km en trottinette

ça attire des touristes

on doit déjà faire attention aux voitures, aux bus, aux motos et aux vélos

Texte 7 de la compréhension orale: SOS Radio Marseille

Première partie 8

«Ici SOS Radio Marseille. On est lundi 6 juillet. Il est 9 h 00 et il fait déjà 28 °C à Marseille et aucun nuage dans le ciel bleu. Je suis Patrick Breton et comme chaque semaine, je veux vous parler de quelque chose qui touche tous nos citoyens à Marseille. Notre sujet de cette semaine, ce sont les trottinettes électriques que l'on retrouve depuis quelques semaines un peu partout au centre-ville de Marseille. Pour les uns, c'est une bonne chose pour attirer les touristes ou pour mieux connaître sa propre ville, pour les autres, c'est un danger de plus pour les piétons ou encore un effet mode qui coûte cher à la ville.

D'abord quelques faits sur ces trottinettes: après Paris, Lyon, Toulouse et Bordeaux, Marseille est la cinquième ville en France équipée de trottinettes électriques en libre-service. Comment ça marche? Avec votre smartphone, vous pouvez réserver une trottinette partout dans Marseille. Vous payez 1 € pour la débloquer et puis vous pouvez rouler presque partout à Marseille. Vous pouvez la laisser où vous voulez en ville. Un camion de ramassage va la récupérer le soir. Pour dix minutes d'utilisation, vous payez 1,50 €. Cela permet de faire des petits trajets rapidement et sans grands efforts. C'est également un moyen ludique pour les touristes pour découvrir notre belle cité phocéenne. Mais hélas, il y a déjà eu les premiers accidents graves car ces trottinettes peuvent aller jusqu'à 30 km/h.

Alors dites-moi ce que vous en pensez de ces trottinettes, si c'est une bonne chose pour Marseille ou plutôt une mauvaise. Appelez-moi au 04 06 25 98 11 ou envoyez un texto au même numéro avec un 12 à la fin. Je répète le numéro: 04 06 25 98 11 et pour le texto 04 06 25 98 12. L'appel et les textos sont bien sûr gratuits. Alors j'attends vos réactions. À tout de suite après la musique du chanteur belge Stromae!

Deuxième partie 9

Jean-Pierre: Bonjour Patrick. Je m'appelle Jean-Pierre et j'ai 77 ans. Ces trottinettes sont une chose horrible surtout pour les personnes âgées comme moi. Je ne dois pas seulement faire attention aux voitures, aux bus, aux motos, au petit train touristique et aux vélos, mais maintenant également aux trottinettes électriques. C'est trop! De plus, ces trottinettes circulent également dans les jardins publics et dans les zones piétonnes. Puis les gens les laissent trainer après sur les trottoirs, ce n'est pas beau et cela gêne les piétons.

Luc: Salut Patrick. Mon nom est Luc. Je suis étudiant en informatique. J'adore ces trottinettes, c'est tellement pratique. Je les utilise régulièrement. Un ticket de bus coûte 2 € et puis je dois prendre le bus avec d'autres personnes, tandis qu'avec la trottinette pour 2 € je peux faire 5 km, je suis indépendant et de plus, je fais du sport. Moi, je trouve que c'est génial.

Clémence: Bonjour. Je m'appelle Clémence. À mon avis, ce serait une bonne chose si les personnes à trottinette respectaient les autres et le code de la route. J'ai vu des personnes qui roulaient correctement en respectant les piétons, mais j'en ai vu aussi qui traversaient au feu rouge. La police devrait faire plus de contrôles pour éviter des accidents. En revanche, sur le plan écologique, je trouve que c'est une catastrophe. Ça coûte de l'électricité plus le diesel pour les voitures de ramassage.

Lösungen

2. a) Il fait 28 °C à Marseille et il n'y a aucun nuage dans le ciel bleu.
   b) Les trottinettes électriques est le sujet d'aujourd'hui.
   c) Paris, Lyon, Toulouse et Bordeaux sont les 4 villes mentionnées.
   d) Il faut appeler le numéro 04 06 25 98 11.
   e) Pour envoyer un texto, c'est le numéro 04 06 25 98 12.
3. a) Pour réserver une trottinette, il faut un smartphone.
   b) Pour débloquer la trottinette, ça coûte 1 €.
   c) On peut laisser sa trottinette, n'importe où en ville et quand on veut.
   d) Si on utilise la trottinette dix minutes, il faut payer 1,50 €.
   e) Il y a déjà eu des accidents, car on peut rouler jusqu'à 30 km/h.
4. Jean-Pierre est contre, Luc est pour et Clémence est entre les deux.
5. Jean-Pierre: les utilisateurs abandonnent les trottinettes sur les trottoirs, on doit déjà faire attention aux voitures, aux bus, aux motos et aux vélos
   Luc: c'est tellement pratique, on est indépendant et on fait du sport, pour le prix d'un ticket de bus, on peut faire 5 km en trottinette
   Clémence: sur le plan écologique, c'est une catastrophe, les utilisateurs de trottinettes doivent respecter les autres, la police devrait faire plus de contrôles

Texte 8 de la compréhension: Les portes de l’enfer

Première partie

1. Avant d'écouter le récit, lisez les mots nouveaux dans la case ci-dessous.

un cidre et un calvados:	lokale alkoholische Getränke auf Apfelbasis
l’enfer:	die Hölle
le prêtre:	der Priester
la paroisse:	die Pfarrgemeinde
le récit:	die Erzählung

2. Écoutez maintenant le texte et soulignez les mots que vous entendez.

Bretagne chien soleil mer diable

histoire hôtel café chat village

tête légendes restaurant vacances touriste

3. Complétez maintenant le texte avec les mots de l’exercice 2.

a) Il y a dix ans, j’ai visité pour la première fois la ____________ . J’ai passé quelques jours avec mon ____________ Athos dans un bel ____________ dans un vieux ____________ au bord de la _______.

b) Le soir, je m’installais devant un cidre ou un calvados dans le _______ du village.

c) J’ai dû faire une _______ tellement bizarre que le Breton éclata de rire.

d) «Enchanté» dis-je, «mais je ne comprends pas un seul mot de votre ____________.»

e) Et une de ces ____________ parle du Yeun Ellez, des portes de l’enfer, des chiens noirs et d’un prêtre.

Deuxième partie

4. Avant d'écouter la légende, lisez les mots nouveaux dans la case ci-dessous.

une zone marécageuse:	ein Sumpfgebiet
se débarrasser:	loswerden
les revenants:	die Wiedergänger
hanter:	spuken / jmd. keine Ruhe lassen
embêter:	auf die Nerven gehen
métamorphoser:	verwandeln
se méfier:	auf der Hut sein

5. Écoutez maintenant la légende et mettez les phrases dans le bon ordre en les numérotant de 2 à 8.

__1__ Votre méchante tante est enfin morte.

___ Le chien n'a pas envie d'aller en enfer, il va essayer de s'échapper.

___ Il faut d'abord demander à un prêtre de venir chez vous.

___ Elle est revenue et vous embête toujours.

___ À la tombée de la nuit, vous emmenez ce chien noir, donc votre tante, jusqu'au cœur du 'Yeun Ellez', et vous le jetez aux Portes de l'Enfer.

___ Il faut la jeter personnellement en enfer.

___ Le prêtre, avec l'aide de dieu, va métamorphoser votre méchante tante morte en chien noir.

___ Il faut s'arrêter avec ce chien dans chaque église qui se trouve sur votre chemin, accompagné d'un prêtre.

Texte 8 de la compréhension orale: Les portes de l'enfer

Première partie 10

Il y a dix ans, j'ai visité pour la première fois la Bretagne. J'ai passé quelques jours avec mon chien Athos dans un bel hôtel dans un vieux village au bord de la mer. Quelle belle région! Chaque matin, je me baignais dans la mer, même si l'eau était froide, et l'après-midi, je partais en balade avec Athos; et puis le soir, je m'installais devant un cidre ou un calvados dans le café du village. Le premier soir, un Breton me demanda: «Si vous voulez vous débarrasser de votre chien, je peux vous conduire au Yeun Ellez, aux portes de l'enfer.» Je ne comprenais pas un mot de ce qu'il avait dit. Qu'est-ce qu'il me voulait? Que je me débarrasse de mon chien, jamais de la vie! J'adore Athos, c'est un véritable compagnon pour moi. Et que veut dire Yeun Ellez? J'ai dû faire une tête si bizarre que le Breton éclata de rire. «Excusez-moi, Monsieur. Laissez-moi me présenter, je m'appelle Loïc Pol et je suis le prêtre de cette paroisse». «Enchanté» dis-je, «mais je ne comprends pas un seul mot de votre histoire. Vous parlez de quoi? De quelles portes de l'enfer et quel rôle joue mon chien là-dedans?» «Je vais vous expliquer», dit le prêtre. «Vous savez certainement qu'on raconte beaucoup de légendes ou de contes fantastiques en Bretagne! Et l'une de ces légendes parle du Yeun Ellez, des portes de l'enfer, des chiens noirs et d'un prêtre. Et comme votre chien est noir et moi je suis prêtre, j'ai pensé à cette légende. Si vous voulez, je peux vous la raconter». Et bien sûr, je voulais l'écouter, cette légende. Loïc nous commanda deux calvados et commença son récit.

Deuxième partie 11

La légende raconte que le Yeun Ellez est la porte de l'enfer. Le Yeun Ellez était autrefois une zone marécageuse qui était très dangereuse, surtout la nuit. Alors les gens inventaient beaucoup d'histoires autour du Yeun Ellez et l'appelaient les Portes de l'Enfer. La légende raconte également comment les personnes se débarrassaient des revenants, qui revenaient après leur mort pour hanter les familles. Prenons un exemple! Votre méchante tante est enfin morte. Mais hélas! Elle est revenue et vous tracasse toujours. Que faire? Voilà la réponse: Il faut l'envoyer personnellement en enfer. Mais comment? Il faut d'abord demander à un prêtre de venir chez vous. Le prêtre, avec l'aide de dieu, va métamorphoser votre méchante tante morte en chien noir. Et puis, à la tombée de la nuit, vous emmenez ce chien noir, donc votre tante, jusqu'au cœur du 'Yeun Ellez', et vous le jetez aux Portes de l'Enfer. Mais attention, il faut s'arrêter avec ce chien dans chaque église qui se trouve sur votre chemin. De plus, un prêtre doit absolument vous accompagner. Et puis, il faut bien faire attention, car le chien n'a pas envie d'aller en enfer alors il va essayer de s'échapper ou de vous tirer dans les marais. Alors, quand vous voyez un chien noir, méfiez-vous!

Lösungen

2. Bretagne, chien, mer, histoire, hôtel, café, village, tête, légendes
3. a) Il y a dix ans, j'ai visité pour la première fois la **Bretagne**. J'ai passé quelques jours avec mon **chien** Athos dans un bel **hôtel** dans un vieux **village** au bord de la **mer**.
   b) Le soir, je m'installais devant un cidre ou un calvados dans le **café** du village.
   c) J'ai dû faire une **tête** tellement bizarre que le Breton éclata de rire.
   d) «Enchanté» dis-je, «mais je ne comprends pas un seul mot de votre **histoire**.»
   e) Et une de ces **légendes** parle du Yeun Ellez, des portes de l'enfer, des chiens noirs et d'un prêtre

4.

1	Votre méchante tante est enfin morte.
8	Le chien n'a pas envie d'aller en enfer, il va essayer de s'échapper.
4	Il faut d'abord demander à un prêtre de venir chez vous.
2	Elle est revenue et vous tracasse toujours.
6	À la tombée de la nuit, vous emmenez ce chien noir, donc votre tante, jusqu'au cœur du 'Yeun Ellez', et vous le jetez aux Portes de l'Enfer.
3	Il faut la jeter personnellement en enfer.
5	Le prêtre, avec l'aide de dieu, va métamorphoser votre méchante tante morte en chien noir.
7	Il faut s'arrêter avec ce chien dans chaque église qui se trouve sur votre chemin, accompagné d'un prêtre.

Texte 9 de la compréhension orale: Riquet à la houppe

Première partie

1. Avant d'écouter le conte de fée, lisez les mots nouveaux dans la case ci-dessous.

un don:	eine Gabe
laid:	hässlich
l'esprit:	der Verstand
le royaume:	das Königreich
la promesse:	das Versprechen
épouser qqn.:	jmdn. heiraten

2. Écrivez les mots correspondants sous le dessin respectif. Servez-vous des mots dans la case.

la reine   le portrait   le prince   la forêt   la houppe de cheveux   la fée

a) 

____

b) 

____

c) 

____

d) 

____

e) 

____

f) 

____

3. Écoutez maintenant le conte de fée, puis décrivez les trois personnages en attribuant la bonne réponse. Servez-vous des mots dans la case. Attention à la bonne forme.

être laid / e
être beau / belle
être intelligent / e

avoir le don de rendre qn. beau
avoir le don de rendre qn. intelligent
ne pas avoir de don

Riquet à la houppe	**Belle**	**la sœur de Belle**
______________	______________	______________
______________	______________	______________

Deuxième partie

1. Avant d'écouter la suite de l'aventure du prince Riquet, lisez les mots nouveaux dans la case ci-dessous.

la laideur:	die Hässlichkeit
la sottise:	die Dummheit
le cuisinier:	der Koch

2. Écoutez maintenant la suite et cochez la bonne réponse.

1) Qui demanda Belle en mariage?
☐ un beau prince riche ☐ un beau prince pauvre ☐ un prince laid et riche

2) Où Belle va-t-elle pour réfléchir?
☐ au parc ☐ dans la forêt ☐ à la cuisine

3) Qu'est-ce qu'elle y apprit?
☐ que le mariage du prince Riquet à la houppe est le lendemain
☐ que le mariage du prince Riquet est annulé
☐ que le mariage avec le beau prince est le lendemain

4) Depuis combien de temps Belle n'a-t-elle pas vu le prince Riquet à la houppe?
☐ un an ☐ un été ☐ un mois

5) Pourquoi Belle a-t-elle oublié sa promesse?
☐ c'était une sottise et elle est intelligente maintenant
☐ parce qu'elle est stupide
☐ elle n'avait pas compris que c'était une vraie promesse

6) Pour quelle raison Belle ne veut-elle pas épouser le prince Riquet à la houppe?
☐ parce qu'il est laid
☐ parce qu'il n'est pas riche
☐ parce qu'elle veut épouser l'autre prince

7) Belle déteste la laideur du prince, mais aime-t-elle aussi quelque chose en Riquet?
☐ non, rien du tout
☐ sa naissance, son esprit et son humeur
☐ sa richesse

8) Riquet à la Houppe est maintenant le plus beau prince aux yeux de Belle. Comment certaines personnes expliquent-elles la beauté de Riquet?
☐ c'est l'amour qui l'a rendu beau
☐ c'est le don de la fée
☐ c'est son esprit qui montre sa beauté intérieure

Texte 9 de la compréhension orale: Riquet à la houppe

Première partie 12

Il était une fois une reine qui eut un fils: un prince avec une petite houppe de cheveux sur la tête, qu’on appela alors Riquet à la houppe. Il était très laid mais intelligent. Mais il avait un don, un don qu’une bonne fée lui avait donné: le prince pouvait donner un peu de son esprit à la fille qu'il aime.

Dans le royaume voisin, la reine eut deux filles: la première princesse était très belle mais très stupide. La seconde princesse était extrêmement laide mais très intelligente.

«Ne serait-il pas possible de donner un peu d'esprit à ma très belle fille», demanda la reine à la bonne fée.

–«Je regrette, non, Madame, mais elle peut donner de la beauté à la personne qu’elle aime».

Le temps passa. Tout le monde venait voir Belle, la belle princesse, mais dix minutes après, les gens allaient voir sa sœur. La belle princesse était vraiment trop stupide. La belle princesse était très triste. Elle voulait être intelligente comme sa sœur. Un jour, elle alla dans une forêt pour pleurer, et là, elle y vit un homme très laid. Vous devinez certainement qui c’était? Mais, oui, c'était le jeune prince Riquet à la houppe. Le prince Riquet a tout de suite su que c’était Belle, la belle princesse. Il était même amoureux d'elle car il avait vu son portrait.

–«Pourquoi pleurez-vous ma belle princesse, pourquoi êtes-vous si triste, Madame, une beauté comme vous? De ma vie, je n’ai jamais recontré de plus belle dame que vous.»

–«Justement, je pleure parce que je suis belle, mais je préfèrerais être laide comme ma sœur mais avoir de l'esprit», répondit la princesse.

–«Ne pleurez pas, Madame», dit Riquet, «car j'ai le don de donner de l'esprit à la femme que j’aime. Et je vous aime Madame». «Si vous acceptez de m'épouser dans un an, je vous donnerai de l’esprit et vous serez très intelligente.»

La princesse Belle accepta, même si elle trouvait que le prince était vraiment laid, mais elle voulait être intelligente comme sa sœur. Elle lui en fit la promesse. Le prince lui donna un baiser sur le front et hop, elle se transforma. Elle était maintenant belle et intelligente à la fois.

Elle retourna vite au palais où toute la cour fut impressionné par sa conversation. Mais Belle oublia vite sa promesse.

Deuxième partie 13

Un jour, un beau prince très riche demanda Belle en mariage. La belle princesse demanda un peu de temps pour réfléchir. Elle se promena dans la forêt. Elle y entendit des voix, et puis elle vit une grande cuisine avec beaucoup de cuisiniers. Une grande cuisine dans la forêt! La princesse demanda à un cuisinier ce qu’il faisait.

«Nous préparons le mariage du prince Riquet à la houppe. Il va se marier demain, Madame», lui répondit le cuisinier. Belle se souvint tout à coup qu'elle avait promis le mariage au prince Riquet. C’était il y a un an. Un an déjà! Elle avait complètement oublié sa promesse. Comment était-ce possible, vous demanderez-vous? C’est simple. Quand elle fit cette promesse, elle était stupide, mais maintenant qu’elle était intelligente, elle avait donc oublié toutes ces sottises.

En continuant sa promenade, elle vit le prince Riquet. «Je vous dis tout de suite», dit la princesse, «que je n'ai pas encore pris ma décision pour le mariage parce que vous êtes bien laid».

–«Mais dites-moi, belle princesse, à part ma laideur, y a-t-il quelque chose d'autre que vous n'aimez pas? Ma naissance, mon esprit ou mon humeur?»

–«Non, répondit la princesse, «j'aime tout.»

–«Si cela est ainsi, dit Riquet, je vais être heureux, puisque vous pouvez me rendre beau.»

–«Vous rendre beau, mais comment?» demanda la princesse.

–«Si vous m'aimez, sachez que la bonne fée vous a donné le don de rendre beau celui que vous aimez», répondit Riquet.

–«S'il en est ainsi», dit la princesse, «je souhaite de tout mon cœur que vous deveniez le prince le plus beau.»

La princesse n'eut pas fini la phrase, que Riquet était à ses yeux l'homme le plus beau du monde. Et le lendemain le mariage fut célébré.

Certaines personnes disent que ce ne fut pas la fée et son don, mais seulement l'amour de la princesse qui métamorphosa Riquet. Et vous, vous en pensez quoi?

Lösungen

2. a) la reine, b) la houppe de cheveux, c) le portrait, d) la fée, e) le prince, f) la forêt

3.

Riquet à la houppe	**Belle**	**La sœur de Belle**
est laid et intelligent	est belle	est laide et intelligente
a le don de rendre qn. intelligent	a le don de rendre qn. beau	n'a pas de don

2. 1) un beau prince riche, 2) dans la forêt 3) que le mariage du prince Riquet à la houppe est le lendemain, 4) un an 5) c'était une sottise et elle est intelligente maintenant 6) parce qu'il est laid 7) sa naissance, son esprit et son humeur, 8) c'est l'amour qui l'a rendu beau

Texte 10 de la compréhension orale: Où est la Joconde?

Première partie

1. Écoutez le récit de Louis Depardieu, le gardien du Louvre, et répondez aux questions suivantes.

   a) Quel âge a-t-il? ______________________________

   b) Depuis quand travaille-t-il au Louvre? ______________________________

   c) Combien de fois a-t-il déjà vu le sourire de la Joconde? ______________________________

2. Écoutez une deuxième fois le texte et complétez les phrases ci-dessous:

   Le Louvre se situe à ________ sur la rive ________ entre la Seine et la rue de Rivoli. Il a ouvert ses portes en ________. Autrefois, c'était la ____________ des rois. Aujourd'hui, c'est le musée le plus visité au ____________. Il y a de belles sculptures comme la Vénus de Milo et de superbes tableaux comme l'autoportrait d'Albrecht ________. Mais mon tableau préféré, c'est la Joconde de Léonard de Vinci. Il l'a peinte au ____________ siècle. Ce tableau montre le portrait d'une jolie ____________ qui s'appelle Mona Lisa, elle porte une ________ vert foncé et elle est assise dans un ________________.

Deuxième partie

3. Avant d'écouter la deuxième partie du texte, lisez les questions, puis cochez la bonne réponse.

   1) Quand a-t-on volé la Joconde?
      - ☐ a) le 21 août 1911
      - ☐ b) le 11 août 1921
      - ☐ c) le 21 août 2011

   2) De quelle nationalité est le voleur?
      - ☐ a) française
      - ☐ b) espagnole
      - ☐ c) italienne

   3) Pourquoi n'a-t-on pas remarqué tout de suite le vol de la Joconde?
      - ☐ a) On a d'abord pensé que la Joconde se trouvait dans un atelier pour des photos.
      - ☐ b) Le voleur avait mis un autre tableau à la place de la Joconde.
      - ☐ c) Le musée était resté fermé pendant trois jours.

   4) Où le voleur avait-il caché le tableau?
      - ☐ a) Il l'avait caché chez un ami à Paris.
      - ☐ b) Il avait caché le tableau dans son appartement à Paris.
      - ☐ c) Il l'avait caché dans la cave de son immeuble.

Texte 10 de la compréhension orale: Où est la Joconde?

Première partie 14

Bonjour! D'abord, je voudrais me présenter. Mon nom est Louis Depardieu. J'ai 58 ans et je travaille comme gardien au Louvre depuis 14 ans déjà. Le Louvre, c'est ma vie! J'adore mon travail. Il n'est pas très difficile, et certes, je ne gagne pas beaucoup d'argent, mais je peux admirer gratuitement tous les jours les chefs-d'œuvre de ce magnifique musée. Si vous avez déjà visité le Louvre, il faudrait revenir! Il y a tellement de choses à voir. Si vous ne l'avez pas encore visité, alors là, il faut absolument venir. Voici quelques informations: Le Louvre se situe à Paris sur la rive droite entre la Seine et la rue Rivoli. Il a ouvert ses portes en 1793. Autrefois, c'était la résidence des rois. Aujourd'hui, c'est le musée le plus visité au monde. Il y a de belles sculptures comme la Vénus de Milo et de superbes tableaux comme l'autoportrait d'Albrecht Dürer. Mais mon tableau préféré, c'est la Joconde de Léonard de Vinci. Il l'a peint au XVIème siècle. Ce tableau montre le portrait d'une jolie femme qui s'appelle Mona Lisa, elle porte une robe vert foncé et est assise dans un fauteuil. J'adore son sourire mystérieux! Je l'ai déjà vue 100 fois, et je la trouve à chaque fois encore plus belle et son sourire encore plus mystérieux! Mais pendant deux ans, les visiteurs du Louvre ne retrouvaient plus son sourire. Pourquoi? Pourquoi la Mona Lisa ne souriait-elle plus? Tout simplement, parce qu'elle n'était plus au Louvre. Quelqu'un l'avait volée.

Deuxième partie 15

Qui a volé la Joconde et surtout comment? Car le Louvre est quand même bien gardé. On avait volé la Joconde il y plus de 100 ans, le 21 août 1911 exactement. Le voleur était un Italien du nom de Vincenzo Peruggia. Il s'était introduit le matin du 21 août dans le musée. Le musée était fermé ce jour-là. Vincenzo Peruggia connaissait bien le musée car il y avait travaillé l'année d'avant. Personne ne l'avait remarqué, ni lui ni le vol. On pensa d'abord que la Joconde se trouvait dans un atelier pour qu'on en prenne des photos. Quand on constata le vol, le voleur et la Joconde étaient partis depuis longtemps. Mais la Joconde n'alla pas très loin. Elle resta à Paris. Pendant deux ans, Vincenzo Peruggia cacha le tableau dans son appartement. Il voulut ensuite le vendre. Il alla à Florence pour montrer le tableau à un antiquaire. La police arriva et l'arrêta. Le voleur dut aller en prison et La Joconde retourna à Paris au Louvre. Le voleur retourna aussi au bout d'un an à Paris. Il avait seulement passé une année en prison car il avait déclaré qu'il avait volé le tableau pour le rendre à l'Italie.

Lösungen

1. a) Il a 58 ans. b) Il travaille au Louvre depuis 14 ans. c) Il a vu la Joconde déjà 100 fois.
2. Le Louvre se situe à **Paris** sur la rive **droite** entre la Seine et la rue de Rivoli. Il a ouvert ses portes en **1793**. Autrefois, c'était la **résidence** des rois. Aujourd'hui, c'est le musée le plus visité au **monde**. Il y a de belles sculptures comme la Vénus de Milo et de superbes

tableaux comme l'autoportrait d'Albrecht **Dürer**. Mais mon tableau préféré, c'est la Joconde de Léonard de Vinci. Il l'a peinte au **XVI**^{ème} siècle. Ce tableau montre le portrait d'une jolie **femme** qui s'appelle Mona Lisa, elle porte une **robe** vert foncé et est assise dans un **fauteuil**.

3. 1a, 2c, 3a, 4b

Texte 11 de la compréhension orale: N'oubliez pas les paroles

Première partie

1. Écoutez l'émission télé et donnez des informations sur les deux candidats.

	Véronique	Alexandre
Nom de famille:	___	___
Âge:	___	___
Lieu d'habitation:	___	___
Situation de famille:	___	___
Profession:	___	___

2. Écoutez encore une fois l'émission et complétez les informations d'abord sur les deux premières chansons, puis, après l'écoute de la deuxième partie, sur la troisième.

	Chanteur	Titre	Année de sortie
Première chanson			
Deuxième chanson			
Troisième chanson			

Deuxième partie

3. Écoutez maintenant la deuxième partie et complétez le tableau ci-dessus pour la troisième chanson. Puis réécoutez-la et répondez aux questions suivantes.

   a) Quel candidat a finalement gagné? ___

   b) Pourquoi l'autre candidat a-t-il perdu? ___

   b) Quel est le premier prix? ___

   c) Quel est le second prix? ___

   d) Pourquoi le second prix est-il un très beau cadeau pour le candidat?

   ___

4. Écoutez maintenant les trois chansons sur YouTube et retrouvez dans chacune des chansons l'extrait entendu.

Texte 11 de la compréhension orale: N'oubliez pas les paroles

Première partie 16

Nagui: Bonsoir et bienvenue à notre émission «N'oubliez pas les paroles». Comme à chaque émission, nous avons deux candidats, mais un seul candidat pourra gagner. Et qu'est-ce qu'il pourra gagner? 1 000 euros. Je souhaite donc la bienvenue à mes deux candidats qui sont aujourd'hui Véronique et Alexandre. Je vous laisse vous présenter vous-même.

Véronique: Bonsoir, je m'appelle Véronique Macron. J'ai 42 ans, j'habite à Lyon avec mes deux filles Julie et Marie et notre chien Toutou. Je suis professeur de technologie.

Nagui: Merci Véronique. À vous Alexandre?

Alexandre: Bonsoir. Mon nom est Alexandre Dupont, j'ai 23 ans. Je suis célibataire. Je fais des études d'économie à la Sorbonne à Paris.

Nagui: Merci et bonne chance à tous les deux. Alors, c'est parti, commençons avec notre première chanson. Vous allez seulement écouter un court extrait des paroles, et vous me direz son titre, le nom du chanteur et l'année où elle est sortie. Prêts? Alors on y va, écoutez: «Tu sais la vie c'est des enfants. Mais comme toujours c'est pas le bon moment. Ah oui pour les faire, là, tu es présent. Mais pour les élever y aura des absents.»

Nagui: Véronique, on vous écoute. Quel est donc à votre avis le chanteur et le titre de la chanson?

Véronique: C'est Stromae avec la chanson «Tous les mêmes». Elle est sortie en 2013.

Nagui: Bravo Véronique! Un point pour vous! J'adore Stromae. Quel chanteur génial! Alors on continue. Écoutez les paroles de la deuxième chanson. «Elle était si timide et si fragile. Introvertie et si naïve au milieu de trente élèves.»

Nagui: Alexandre, vous étiez plus rapide. Alors comment s'appelle le chanteur?

Alexandre: C'est mon chanteur préféré. C'est Soprano avec «Fragile» de 2019.

Nagui: Bravo Alexandre! C'est correct. C'était en effet Soprano avec sa chanson «Fragile» qui est sortie en 2019. Une chanson qui parle du harcèlement. Alors ça nous fait un point pour Véronique et un point pour Alexandre. Donc c'est la chanson suivante qui va décider qui va partir avec les 1 000 €. On fait juste une petite pause et après la pub, on retrouvera nos deux candidats.»

Deuxième partie 17

Nagui: Nous revoilà avec l'émission culte «N'oubliez pas les paroles». Aujourd'hui, nos deux candidats sont Véronique et Alexandre, et pour le moment, ils sont à égalité. Donc ce sera la prochaine chanson qui va être décisive. Nous avons choisi cette fois-ci une chanson plus ancienne. Ça va tous les deux? Oui, alors on y va. Écoutez bien: «Je voudrais bien réussir ma vie, être aimé. Être beau, gagner de l'argent. Puis surtout être intelligent.» Alors Alexandre. Vous pouvez gagner 1000 € si vous avez la bonne réponse.

Alexandre: Je vais essayer. Je n'en suis pas sûr à 100 pour cent. Je pense que c'est Daniel Balavoine avec sa chanson «Le chanteur», par contre pour l'année, je dois vraiment deviner. Je dirais 1972.

Nagui: C'est bien Daniel Balavoine. La chanson s'appelle également «Le chanteur» mais l'année n'est pas correcte. Véronique, connaissez-vous l'année de sortie?

Véronique: C'est l'année de ma naissance, c'est l'année 1978.

Nagui: Nous avons notre gagnante! Les 1 000 € sont pour vous, Véronique! Ne soyez pas trop triste Alexandre, j'ai aussi un cadeau pour vous. Un billet pour aller voir le concert de Soprano, votre chanteur préféré, le 23 avril prochain à Paris.
Alors au revoir cher public, je vous retrouve la semaine prochaine, et surtout, n'oubliez pas les paroles!

Lösungen

1. Véronique: Macron / 42 ans / à Lyon / deux filles Julie et Marie et son chien Toutou / professeur de technologie
   Alexandre: Dupont / 23 ans / à Paris / célibataire / étudiant, fait des études d'économie à la Sorbonne

2.

	Chanteur	**Titre**	**Année de sortie**
Première chanson	Stromae	Tous les mêmes	2013
Deuxième chanson	Soprano	Fragile	2019
Troisième chanson	Daniel Balavoine	Le chanteur	1978

3. a) Véronique a finalement gagné.
   b) L'autre candidat ne connaissait pas l'année de sortie de la chanson.
   b) Le premier prix est de 1 000 €.
   c) Le second prix est un billet pour un concert de Soprano le 23 avril à Paris.
   d) C'est un très beau cadeau pour le candidat car Soprano est son chanteur préféré.

Texte 12 de la compréhension orale: Le Parc Alpha

1. Avant d'écouter les informations sur le parc, lisez les noms propres et les mots nouveaux dans la case ci-dessous.

Saint-Martin le Vésubie:	ein Ort in Südfrankreich	Nice:	Nizza
le soigneur:	der Pfleger	la crainte:	die Angst
le nourrissage:	die Fütterung	le sentier:	der Pfad
le point d'observation:	die Beobachtungsplattform	la nourriture:	Nahrung

2. Écrivez les mots correspondants sous le dessin respectif. Servez-vous des mots dans la case.

la meute | une aire de jeux | un loup | un louveteau

a) 

____

b) 

____

c) 

____

d) 

____

3. Écoutez maintenant les informations sur le parc et complétez ce résumé. Lisez d'abord ce texte.

Le Parc Alpha se trouve à seulement ___ _________ de Nice. On peut y voir des loups comme Lycos et Beyla, nos nouveaux ______________. Ces loups sont revenus en ______ dans le parc naturel du Mercantour. On compte aujourd'hui ____ loups qui vivent dans ______ ___________. Il s'agit du loup gris européen qui est venu d'_________ pour s'installer en France. Pendant votre visite, vous allez découvrir leur comportement et leur crainte de l'homme.

Au début de la visite, ______ ____________ racontent l'histoire des loups. Vous pouvez aussi rencontrer nos ___________ qui parlent de leur métier.

La visite se fait ___ _____ sur des petits sentiers. Vous pouvez observer des loups depuis des _________ ___ ___________. Le nourrissage des loups se fait à _________, à 12 h 00 et à _________. Dans le parc, vous trouverez également un restaurant, une _____ ___ _____ et une ferme pédagogique.

Voici quelques informations utiles pour bien préparer votre visite: le parc est ouvert toute l'année de ___ __ à ___ __. L'entrée coûte ___ euros pour les adultes et _____ euros pour les enfants. Pour les tout petits jusqu'à __ ans, c'est gratuit.

Texte 12 de la compréhension orale: Le Parc Alpha

18

Vous cherchez une idée pour une balade pour un week-end ou une destination pour vos prochaines vacances? Vous voulez passer des moments inoubliables, découvrir une nature splendide et rencontrer des animaux sauvages? Alors venez nous rendre visite au Parc Alpha à Saint-Martin le Vésubie dans le parc naturel du Mercantour, à seulement une heure de Nice, pour rencontrer les loups. Venez découvrir l'univers de Lycos et Beyla, nos nouveaux louveteaux.

Ces loups sont revenus de manière naturelle en 1992 dans ce parc du Mercantour. On compte aujourd'hui 23 loups répartis dans trois meutes. Il s'agit du loup gris européen qui est venu d'Italie pour s'installer en France.

Pendant votre visite, vous allez découvrir leur comportement, leur crainte de l'homme, leur nourriture et la hiérarchie au sein de la meute.

Au début de votre visite, trois différents spectacles vont vous raconter l'histoire de ces belles créatures. Vous allez également rencontrer nos soigneurs qui vous parleront de leur métier et de leurs propres expériences avec nos loups.

La visite se fait à pied sur des petits sentiers qui vous amèneront aux points d'observation où vous pourrez assister au nourrissage des loups qui se fait à 11 h 15, à 12 h 00 et à 15 h 45, et où vous pourrez observer bien sûr leur comportement en meute.

Si au nourrissage des loups vous donne faim, vous pouvez faire un pique-nique à l'entrée du parc ou bien déguster des plats régionaux dans notre restaurant. Pour les plus petits, il y a également une belle aire de jeux et une ferme pédagogique.

Voici quelques informations utiles pour bien préparer votre visite: le parc est ouvert toute l'année de 10 h à 17 h. L'entrée coûte 12 euros pour les adultes et 10 euros pour les enfants. Pour les tout petits jusqu'à 3 ans, c'est gratuit.

Pour plus d'informations, visitez notre page Internet.

A bientôt au Parc Alpha!

Lösungen

2. a) un loup b) un louveteau c) la meute d) une aire de jeux
3. Le Parc Alpha se trouve à seulement **une heure** de Nice. On peut y voir des loups comme Lycos et Beyla, nos nouveaux **louveteaux**. Ces loups sont revenus en **1992** dans le parc naturel du Mercantour. On compte aujourd'hui **23** loups qui y vivent dans **trois meutes**. Il s'agit du loup gris européen qui est venu **d'Italie** pour s'installer en France.

Pendant votre visite, vous allez découvrir leur comportement et leur crainte de l'homme. Au début de la visite, **trois spectacles** différents racontent l'histoire des loups. Vous pouvez aussi rencontrer nos **soignants** qui parlent de leur métier.
La visite se fait **à pied** sur des petits sentiers. Vous pouvez observer les loups depuis des **points d'observation**. Le nourrissage des loups se fait à **11 h 15**, à 12 h 00 et à **15 h 45**. Dans le parc vous trouverez également un restaurant, une **aire de jeux** et une ferme pédagogique. Voici quelques informations utiles pour bien préparer votre visite: le parc est ouvert toute l'année de **10 h** à **17 h**. L'entrée coûte **12** euros pour les adultes et **10** euros pour les enfants. Pour les tout petits jusqu'à **3** ans, c'est gratuit.

Texte 13 de la compréhension orale: Monsieur le Président

Première partie

1. Avant d'écouter les informations sur le courrier du président, lisez les mots nouveaux dans la case ci-dessous.

le loyer: die Miete	le logement: die Unterkunft	l'extraterrestre: der Außerirdische

2. Lisez maintenant les questions, puis écoutez le texte et répondez-y.
   a) Combien de lettres le Président de la République reçoit-il chaque jour?

   ____

   b) Quelle est l'adresse du président? ______________________________

   c) Comment faut-il commencer sa lettre pour le président? ______________

   d) Dans quel cas peut-on écrire au président? Citez deux exemples.

   ____

   e) Combien de personnes s'occupent du courrier du président? ___________

   f) De quoi les lettres non sérieuses parlent-elles? __________________

Deuxième partie

3. Lisez d'abord les textes, puis complétez les lettres après les avoir écoutées.

Lettre 1 Bonjour Monsieur le Président,

Je vous informe que les ______________ sont arrivés en France. Mon voisin en est un. Il parle mal le __________ et il ne sort que la _____. Si ce n'est pas un extraterrestre, c'est un __________. Envoyez-moi vite _______. J'ai peur.

Lettre 2 Monsieur le Président,

On m'a dit que vous aimiez les _________ blancs. Moi aussi, je les adore, alors je me suis permis de vous ________ mes chocolats préférés. Bon ________!

Lettre 3

Cher Président,
Je vous envoie un poème pour
protester contre la __________.
Monsieur le Président,
Je vous fais une _______
Que vous lirez peut-être
Si vous avez le ______.
Je viens de recevoir
Mes papiers __________
Pour partir à la guerre
Avant mercredi _____.
Monsieur le Président
Je ne veux pas la faire
Je ne suis pas sur ______
Pour tuer de pauvres gens.

Texte 13 de la compréhension orale: Monsieur le Président

Première partie 19

Vous avez peut-être un gros problème: vous avez perdu votre travail ou votre loyer est trop cher, ou encore vous trouvez les mathématiques au lycée trop difficiles. Qu'est-ce que vous pouvez faire pour trouver une solution? Pourquoi ne pas écrire tout simplement une lettre au président de la République? De toute façon, vous ne serez pas seul car chaque jour, le président de la République reçoit 2 000 lettres et courriels. 2 000 Français écrivent chaque jour au président! Vous imaginez un peu! Mais comment s'y prendre? D'abord, il faut bien sûr connaitre son adresse. Notez-la! Je vous la donne, la voilà: Monsieur le Président, Palais de l'Elysée, 55, rue du Faubourg-Saint-Honoré, 75 008 Paris. Vous pouvez également lui envoyer un courriel. Il suffit d'aller sur la page Internet www.elysee.fr.

On y trouve même des modèles de lettre car il faut respecter certaines règles. Comme par exemple, il faut commencer sa lettre par la formule «Monsieur le Président» et utiliser un ton respectueux.

Mais dans quel cas peut-on écrire au président? Par exemple, vous pouvez écrire un commentaire sur un problème actuel ou donner votre avis sur une décision politique. Vous pouvez également demander de l'aide pour trouver un logement ou un travail.

Toute une équipe de 60 personnes travaille à Paris pour s'occuper du courrier du président. Pour lire les lettres et pour y répondre, mais seulement aux lettres sérieuses. Car il y a aussi des lettres qui ne sont pas du tout sérieuses. Des lettres qui sont des déclarations d'amour, des chansons ou des poèmes. On y trouve également des gens qui parlent de l'arrivée d'extraterrestres en France. Alors à vos stylos!

Deuxième partie 20

Lettre 1

Bonjour Monsieur le Président,

Je vous informe que les extraterrestres sont arrivés en France. Mon voisin en est un. Il parle mal le français et il ne sort que la nuit. Si ce n'est pas un extraterrestre, c'est un vampire. Envoyez-moi vite l'armée. J'ai peur.

Lettre 2

Monsieur le Président,

On m'a dit que vous aimiez les chocolats blancs. Moi aussi, je les adore, alors je me suis permis de vous envoyer mes chocolats préférés. Bon appétit!

Lettre 3

Cher président,

Je vous envoie un poème pour protester contre la guerre.

Monsieur le Président,
Je vous fais une lettre
Que vous lirez peut-être
Si vous avez le temps.
Je viens de recevoir

Mes papiers militaires
Pour partir à la guerre
Avant mercredi soir.
Monsieur le Président
Je ne veux pas la faire
Je ne suis pas sur terre
Pour tuer de pauvres gens.

(extrait du poème de Boris Vian: Le Déserteur)

Lösungen

2. a) Le Président de la République reçoit chaque jour 2000 lettres.
   b) L'adresse du président est: Palais de l'Elysée, 55, rue du Faubourg-Saint-Honoré, 75008 Paris.
   c) Il faut commencer sa lettre par la formule «Monsieur le Président».
   d) On peut écrire au président un commentaire sur un problème actuel ou pour donner son avis sur une décision politique ou demander de l'aide pour trouver un logement ou un travail.
   e) 60 personnes s'occupent du courrier du président.
   f) Les lettres non sérieuses parlent d'extraterrestres ou sont des déclarations d'amour, des poèmes ou des chansons.
3. **Lettre 1** Bonjour Monsieur le Président,
   Je vous informe que les **extraterrestres** sont arrivés en France. Mon voisin en est un. Il parle mal le **français** et il ne sort que la **nuit**. Si ce n'est pas un extraterrestre, c'est un **vampire**. Envoyez-moi vite **l'armée**. J'ai peur.

   Lettre 2 Monsieur le Président,
   On m'a dit que vous aimiez les **chocolats** blancs. Moi aussi, je les adore, alors je me suis permis de vous **envoyer** mes chocolats préférés. Bon **appétit**!

   Lettre 3
   Cher président,
   Je vous envoie un poème pour
   protester contre la **guerre**.
   Monsieur le Président,
   Je vous fais une **lettre**
   Que vous lirez peut-être
   Si vous avez le **temps**.
   Je viens de recevoir
   Mes papiers **militaires**
   Pour partir à la guerre
   Avant mercredi **soir**.
   Monsieur le Président
   Je ne veux pas la faire
   Je ne suis pas sur **terre**
   Pour tuer de pauvres gens.

Texte 14 de la compréhension orale: Mona mon amour

1. Avant d'écouter l'histoire sur Mona, lisez les mots nouveaux dans la case ci-dessous.

décliner: ablehnen	la chantilly: die Schlagsahne	les boîtes: hier: Dosenfutter

2. Écoutez maintenant l'histoire de Mona, puis attribuez les informations ci-dessous à la bonne personne.

est célibataire	est timide	est nouveau au bureau
travaille dans une grande entreprise	est belle	a 22 ans
est grand	est brune	vit avec Mona depuis un an
est musclé, drôle	aime la chantilly	est un chat
est très sympathique	est jalouse	aime faire la cuisine
	est déprimée	

Mona	**Matthieu**	**Martina**
______________	______________	______________
______________	______________	______________
______________	______________	______________
______________	______________	______________
______________	______________	______________
______________	______________	______________

3. Réécoutez l'histoire et résumez-la en complétant le texte ci-dessous.

Martina est un peu amoureuse de son nouveau ______________. Un jour, le 8 août, Martina lui demanda si Mathieu ne voulait pas sortir boire ___ _________ ___ ________ avec elle. Mathieu ___________ l'invitation. Il avait prévu autre chose: Il voulait ________ ___ __________ pour Mona. Martina était ____________.

Le lendemain, Mathieu invita Martina chez lui. Martina fut surprise quand elle apprit que Mona était ___ ______ et que hier, le 8 août, c'était ___ _________ ___________ ___ ______.

Texte 14 de la compréhension orale: Mona mon amour

21

Martina a 22 ans. Elle est célibataire. Elle travaille dans une grande entreprise. Depuis un mois, elle a un nouveau collègue au bureau, qui s'appelle Mathieu. Il est grand et musclé, drôle et très sympathique. Martina est un peu amoureuse de lui. Elle aimerait bien sortir avec lui mais elle est trop timide.
Un jour, c'était le 8 août, Martina a pris son courage à deux mains, et elle a demandé à Mathieu s'il ne voulait pas sortir avec elle après le travail. Ils pourraient boire un verre ensemble dans le nouveau bistrot en ville. Mais malheureusement Mathieu déclina l'invitation. Il donna comme explication qu'il voulait faire ce soir-là une grande surprise à une très belle dame. Martina était jalouse. Elle demanda plus de détails sur cette belle dame et elle apprit que cette dame s'appelait Mona, qu'elle était brune, et que Mathieu vivait avec Mona depuis un an déjà. Et ce soir-là, il voulait faire la cuisine pour elle: un menu trois étoiles: des sardines grillées comme entrée, du lapin à la crème comme plat principal et comme dessert de la chantilly. «De la chantilly comme dessert? Quel drôle d'idée!», pensa Martina. «Cette Mona était certainement très bizarre». En tout cas, Martina était bien déprimée.
Le lendemain, elle demanda à Mathieu comment s'était passée sa soirée et si Mona avait bien mangé. Elle ne voulait surtout pas que Mathieu pense qu'elle était jalouse. Mathieux lui dit: «Mona a tout mangé. Elle a adoré. Si tu veux Martina, ce soir je peux faire la cuisine pour toi? Comme ça, tu fera la connaissance de Mona».
«Mais Mona ne va pas être jalouse si tu fais la cuisine pour moi?», demanda Martina.
«Non. Mona mange aussi bien ses boîtes. Et puis, ce n'est pas tous les jours la journée internationale du chat, mais seulement le 8 août», répondit Mathieu avec un grand sourire.

Lösungen

2. **Mona** est belle, brune, aime la chantilly, est un chat
   Mathieu est grand, musclé, drôle, est très sympathique, est nouveau au bureau, vit avec Mona depuis un an, aime faire la cuisine
   Martina est célibataire, timide, jalouse, déprimée, travaille dans une grande entreprise, a 22 ans
3. Martina est un peu amoureuse de son nouveau **collègue**. Un jour, le 8 août, Martina lui demanda si Mathieu ne voulait pas sortir boire **un verre en ville** avec elle. Mathieu **déclina** l'invitation. Il avait prévu autre chose: il voulait **faire la cuisine** pour Mona. Martina était **jalouse**.
   Le lendemain, Mathieu invita Martina chez lui. Martina fut surprise quand elle apprit que Mona était **un chat** et que la veille, le 8 août, c'était **la journée internationale du chat**.

Texte 15 de la compréhension orale: Nos voisins qui parlent français

Première partie

1. Écoutez l'interview entre l'animateur de radio France Bleu et la Canadienne Carla Bouchard et répondez aux questions.

   a) Qu'est-ce que le Québec? ______________________________

   b) Combien de provinces y-a-t-il au Canada? ______________________________

   c) Quelle est la capitale du Canada? ______________________________

   d) Combien de Québécois ont-ils le français pour langue maternelle?

   ______________________________ %

   e) Combien de Québécois sont bilingues?

   ______________________________ %

   f) Qu'est-ce que veut dire «il mouille» en français métropolitain?

   ____

   g) Qu'est-ce que veut dire «une blonde» en français canadien?

   ____

   h) Comment dit-on «le petit déjeuner» au Canada? ______________________________

Deuxième partie

2. Avant d'écouter l'histoire de Carla, lisez les mots nouveaux dans la case ci-dessous.

le stage:	das Praktikum
l'amour de ma vie:	die Liebe meines Lebens
écœurant:	widerlich
gifler:	ohrfeigen

3. Écoutez l'histoire drôle de Carla et répondez aux questions en cochant la bonne réponse.

   a) Qu'est-ce qu'il y a au repas de Noël?

en entrée	☐ du saumon fumé	☐ des sardines grillées
comme plat principal	☐ du canard	☐ de la dinde
comme dessert	☐ une glace au chocolat	☐ un gâteau à la mousse au chocolat?

   b) Pourquoi la mère de Christian a-t-elle regardé Carla comme si Carla l'avait giflée?
   ☐ Carla a dit que le repas était écœurant.
   ☐ Carla n'a rien mangé pendant le repas.

   c) Pourquoi la mère de Christian a-t-elle fait un grand sourire à Carla plus tard?
   ☐ La mère a appris que le mot «écœurant» voulait dire «délicieux».
   ☐ Son fils lui a dit que le repas était délicieux.

Texte 15 de la compréhension orale: Nos voisins qui parlent français

Première partie 22

Animateur: Bienvenue sur France Bleu dans l'émission «Nos voisins qui parlent français». Notre invitée aujourd'hui est canadienne, elle s'appelle Carla, mais elle va se présenter elle-même. Bienvenue Carla!

Carla: Bonjour et merci pour l'invitation. Je m'appelle Carla Bouchard. J'ai 27 ans et je vis à Québec au Québec.

Animateur: Alors on va tout de suite expliquer aux téléspectateurs qu'il y a une ville et une province au Canada qui portent le même nom. C'est bien ça?

Carla: Exactement. Le Canada est divisé en dix provinces et chaque province a une capitale. C'est un peu comme en Allemagne. Et la ville de Québec est la capitale de la province du Québec.

Animateur: Oui, et ne pas confondre avec Ottawa qui est la capitale du Canada. Alors quelle est la particularité de la province du Québec?

Carla: Le Québec est une province qui est francophone, donc la plupart des habitants y parlent français.

Animateur: La plupart vous avez dit, donc pas tout le monde?

Carla: Non, en effet, la langue française est bien la langue officielle mais c'est seulement la langue maternelle de 79 %. Vous pouvez tomber dans la ville de Québec sur des gens au restaurant ou à l'hôtel qui ne parlent pas un mot de français mais seulement anglais.

Animateur: Et les Québécois sont-ils tous bilingues? Parce que vous vivez quand même dans un pays anglophone?

Carla: Entre 53 et 60 %, ça dépend des régions.

Animateur: Et le français québécois est-il différent de notre français en métropole?

Carla: D'abord bien sûr, il y a l'accent, puis nous avons d'autres mots, par exemple on dit «il mouille» au lieu de «il pleut» en France, ou on dit «une blonde» pour une petite amie alors que pour vous, c'est juste une femme blonde, ou bien encore pour nous au Canada notre «déjeuner» est pour vous en France «le petit déjeuner».

Animateur: On va faire une petite pause et écouter votre chanteur national Félix Leclerc avec sa chanson «Moi, mes souliers» et puis Carla va nous raconter une histoire très drôle.

Deuxième partie 23

Carla: Il y a beaucoup de mots québécois qui sont utilisés de manière différente en France. Je vais vous raconter une histoire qui m'est arrivée à Paris. J'y ai fait un stage pendant mes études et j'ai rencontré l'amour de ma vie Christian. À Noël, Christian m'a invitée chez ses parents. Sa mère a fait un super repas de Noël. En entrée, il y avait du saumon fumé avec des blinis, comme plat principal de la dinde avec des marrons et comme dessert un super gâteau à la mousse au chocolat. À la fin du repas, j'ai dit à sa mère que son repas était vraiment écœurant. Elle est devenue toute rouge et elle m'a regardée comme si je l'avais giflée. Sans aucun mot elle est partie à la cuisine. Deux minutes plus tard, j'entendais des rires dans la cuisine et puis elle est revenue. Cette fois, elle m'a fait un grand sourire. «Je suis contente que le repas vous ait plu», m'a-t-elle dit. «Mon fils vient de m'expliquer que le mot «écœurant» veut dire délicieux en Français québécois. Et moi qui croyais que vous ne l'aviez pas du tout aimé!»

Lösungen

1. a) Le Québec est une ville (la capitale de la province Québec) et une province au Canada.
   b) Il y a dix provinces au Canada.
   c) La capitale du Canada est Ottawa.
   d) Pour 79 % des Québécois, le français est leur langue maternelle.
   e) Entre 53 et 60 % des Québécois sont bilingues.
   f) L'expression «il mouille» veut dire en français métropolitain «il pleut».
   g) «Une blonde» en français canadien veut dire «une petite amie».
   h) Pour «le petit déjeuner» on dit au Canada «le déjeuner».
3. a) Au repas de Noël il y a en entrée:
   du saumon fumé, comme plat principal: de la dinde, comme dessert: un gâteau à la mousse au chocolat
   b) Carla a dit que le repas était écœurant.
   c) La mère de Christian a appris que le mot «écœurant» voulait dire «délicieux».

Texte 16 de la compréhension orale: Elise adore les fleurs

Première partie

1. Après avoir lu les affirmations ci-dessous, écoutez le texte et cochez si c'est vrai ou faux.

		vrai	faux
a)	Françoise habite avec son mari dans une grande maison avec un joli jardin.		
b)	Françoise est très fière de son jardin. Des photos de son beau jardin étaient même passées dans un magazine de décoration.		
c)	L'histoire se passe le 15 mai.		
d)	Le Premier Ministre veut rendre visite à Françoise.		
e)	Autrefois cette maison appartenait à la grand-mère du Premier Ministre.		
f)	Françoise travaille du matin au soir pour avoir le plus beau jardin du village.		
g)	Françoise écoute la radio pendant qu'elle plante les fleurs dans son jardin.		

Deuxième partie

2. Avant d'écouter la suite de l'histoire de Françoise et son jardin, lisez les mots nouveaux dans la case ci-dessous.

le réveil:	der Wecker
le bouquet de fleurs:	der Blumenstrauß
lancer des pierres:	Steine werfen
la maudite vache:	die verfluchte Kuh
être ému:	(innerlich) berührt sein
meuh:	muuh

3. Écoutez maintenant la suite et soulignez le mot correct dans chaque phrase.
   a) Françoise était tellement fatiguée qu'elle n'avait pas entendu **le réveil / la sonnerie / le téléphone**.
   b) Le Premier Ministre arrive avec un grand **gâteau au chocolat / bouquet de fleurs / cadeau**.
   c) Dans le jardin les **arbres / fleurs / chaises** ont disparu.
   d) Quand Françoise voit la vache dans son jardin, elle est **émue / en colère / surprise**.
   e) Le Premier Ministre est content de voir la vache parce que **sa vieille tante en avait une / il adore les vaches / sa tante était une vieille vache**.

Troisième partie

4. Avant d'écouter la suite de l'histoire de Françoise, lisez les mots nouveaux dans la case ci-dessous.

le pré voisin:	die anliegende Wiese
s'évader:	ausreißen
sans succès:	erfolglos

5. Écoutez l'annonce à la radio et complétez-la.

«Et maintenant une information importante pour les habitants du petit village de Coux dans l'Ardèche. Monsieur Lavie, qui est agriculteur à Coux, cherche sa ________ Elise. Chaque soir vers _____ heures, Monsieur Lavie fait rentrer ses ________ vaches du pré voisin qui se trouve à ______ kilomètre de chez lui. Hier soir, quand Monsieur Lavie a voulu rentrer ses vaches, sa _________ Elise en a profité pour s'évader et se cacher dans la forêt. Monsieur Lavie l'a recherchée avec toute sa ___________ pendant _________ heures, mais sans succès. Si vous la rencontrez, appelez le ____________________. Voici sa description: Elise est ____________, elle est très _____________ et elle adore les __________. À l'oreille ____________, elle porte une plaquette avec le numéro ____. Je répète le numéro de téléphone: le ____________________.»

Quatrième partie

6. Avant d'écouter la suite, lisez les mots nouveaux dans la case ci-dessous.

une aventure:	ein Abenteuer
Tout est bien qui finit bien:	Ende gut, alles gut.

7. Écoutez maintenant le texte, puis reliez les verbes à la bonne personne. Racontez la fin de l'histoire à l'aide des verbes.

Madame Rose	acheter un nouveau bouquet
	rejoindre ses copines
le Premier Ministre	appeler Monsieur Lavie
	avoir le plus beau jardin du village
Monsieur Lavie	rêver d'une nouvelle aventure
	enfermer la vache dans le garage
la vache Elise	remettre même de l'ordre dans le jardin
	retrouver sa vache préférée

Texte 16 de la compréhension orale: Elise adore les fleurs

Première partie 24

Françoise habitait dans un petit village à la campagne en Ardèche. Elle vivait toute seule depuis la mort de son mari. Elle avait une grande maison avec une super piscine et un joli jardin. Et quel beau jardin! Il y avait quatre grands arbres, des chênes verts, de la lavande partout et des fleurs: des fleurs rouges, jaunes, bleues et roses. Françoise était très fière de son jardin. Une fois, des photos de son beau jardin étaient même passées dans un magazine de décoration. L'histoire que je veux vous raconter s'est passée le 15 mars. Ce matin-là, il faisait déjà bien chaud. Françoise plantait comme chaque année des fleurs et préparait son jardin. Elle avait acheté de jolies fleurs et des plantes la veille. Elle voulait avoir le plus beau jardin de tout le village car, dans deux jours, elle attendait la visite du Premier Ministre. Oui, vous avez bien entendu, le Premier Ministre voulait rendre visite à Françoise et voir sa maison car autrefois elle appartenait à la vieille tante du Premier Ministre. Et comme il passait ses vacances dans la région, il a demandé à Françoise s'il pouvait visiter la maison où il avait passé de si belles vacances quand il était petit.

Alors Françoise s'est mise au travail. Elle a travaillé du matin au soir pendant deux jours. Son jardin était magnifique. Toutes ces couleurs! Ça sentait bon. Quel beau jardin! Bravo Françoise! Françoise était tellement occupée pendant ces deux jours qu'elle n'a pas eu le temps d'écouter la radio. Pauvre Françoise! Si tu avais écouté la radio, tu aurais peut-être pu sauver ton jardin.

Deuxième partie 25

Le jour de la visite du Premier Ministre était venu. Françoise était tellement fatiguée qu'elle n'avait pas entendu le réveil. Quand elle se réveilla il était déjà 8 h 30. Il fallait se dépêcher maintenant! Heureusement, quand ça sonne à l'entrée, tout est prêt. Françoise est splendide, le café est prêt et le gâteau est sur la table. Elle ouvre la porte et il est là avec un grand bouquet de fleurs: le Premier Ministre en personne. Françoise est tellement contente. Elle l'invite à entrer et veut lui montrer tout de suite son beau jardin. Mais qu'est-ce que c'est ça? Les fleurs ont disparu, mais à la place des fleurs au bon milieu de son jardin se trouve une vache. Oui, oui une belle petite vache en train de manger les dernières fleurs de Françoise. Françoise veut crier, veut lancer des pierres sur cette maudite vache, tellement elle est en colère. Tout son travail pour rien, son beau jardin détruit et surtout le pauvre Premier Ministre. Qu'est-ce qu'il va penser d'elle? Quel désastre! Mais le Premier Ministre, lui, est tout ému et dit: «Une vache dans le jardin! Comme chez ma vieille tante. Vous avez même pensé à ça. Merci Françoise! Quel beau souvenir d'enfance!» Françoise ne sait pas quoi dire, alors elle rit. Puis ils s'installent dans le jardin, prennent une tasse de café et une part de gâteau et regardent la vache manger les fleurs. Puis le Premier Ministre doit partir, mais il promet de revenir l'année suivante. «À l'année prochaine», dit Françoise toute contente. «Meuh, meuh» fait la vache. Elle aussi toute contente.

Troisième partie 26

Voilà l'annonce à la radio que Françoise avait ratée. Si elle l'avait écoutée, elle aurait peut-être pu sauver ses fleurs:

«Et maintenant une information importante pour les habitants du petit village de Coux dans l'Ardèche. Monsieur Lavie, qui est agriculteur à Coux, cherche sa vache Elise. Chaque soir vers 19 heures, Monsieur Lavie fait rentrer ses dix vaches du pré voisin qui se trouve à un kilomètre de chez lui. Hier soir, quand Monsieur Lavie a voulu rentrer ses vaches, sa vache Elise en a profité pour s'évader et se cacher dans la forêt. Monsieur Lavie l'a recherchée avec toute sa famille pendant deux heures, mais sans succès. Si vous la rencontrez, appelez le 02 04 78 01 99. Voici sa description: Elise est blanche, elle est très gentille et elle adore les fleurs. À l'oreille gauche, elle porte une plaquette avec le numéro 9. Je répète le numéro de téléphone: le 02 04 78 01 99.»

Quatrième partie 27

Voilà l'annonce à la radio après la visite du Premier Ministre:

«La vache Elise a été retrouvée hier et a rejoint ses copines chez Monsieur Lavie. Elise s'était évadée avant-hier et nous savons maintenant pourquoi. Elle avait un rendez-vous, oui, un rendez-vous mais pas avec n'importe qui, non, mais avec le Premier Ministre en personne. Vous voulez savoir comment et où? Dans le jardin de Madame Françoise Rose. Hier, Madame Rose avait invité le Premier Ministre pour le petit déjeuner dans son jardin. Mais il n'était pas le seul invité, il y avait également la vache Elise. Pour le Premier Ministre, il y avait donc un bon gâteau et du café, et pour la vache Elise, de belles fleurs du jardin de Madame Rose. Le Premier Ministre a appelé tout de suite Monsieur Lavie qui est venu dix minutes plus tard. Madame Rose, à l'aide du bouquet de fleurs du Premier Ministre, a fait entrer la vache dans son garage en attendant Monsieur Lavie. Vingt minutes plus tard, Elise avait déjà rejoint ses camarades. Monsieur Lavie a même remis de l'ordre dans le jardin de Madame Rose, tellement il était content d'avoir retrouvé sa vache préférée. Madame Rose est contente également car son jardin est maintenant encore plus beau qu'avant. Et de plus, le Premier Ministre lui a acheté un nouveau bouquet. Quant à Elise, elle, elle rêve déjà d'une nouvelle aventure. Tout est bien qui finit bien.

Lösungen

1. vrai: b) d) f) faux: a) c) e) g)
3. a) Françoise était tellement fatiguée qu'elle n'avait pas entendu **le réveil**.
   b) Le Premier Ministre arrive avec un grand **bouquet de fleurs**.
   c) Dans le jardin les **fleurs** ont disparu.
   d) Quand Françoise voit la vache dans son jardin, elle est **en colère**.
   e) Le Premier Ministre est content de voir la vache parce que **sa vieille tante en avait une**.

5. «Et maintenant une information importante pour les habitants du petit village de Coux dans l'Ardèche. Monsieur Lavie qui est agriculteur à Coux cherche sa **vache** Elise. Chaque soir vers **19** heures, Monsieur Lavie fait rentrer ses **dix** vaches du pré voisin qui se trouve à **un** kilomètre de chez lui. Hier soir, quand Monsieur Lavie a voulu rentrer ses vaches, sa **vache** Elise en a profité pour s'évader et se cacher dans la forêt. Monsieur Lavie l'a recherchée avec toute sa **famille** pendant **deux** heures, mais sans succès. Si vous la rencontrez, appelez le **02 04 78 01 99**. Voici sa description: Elise est **blanche**, elle est très **gentille** et elle adore les **fleurs**. À l'oreille **gauche** elle porte une plaquette avec le numéro **9**. Je répète le numéro de téléphone: le **02 04 78 01 99**.»
6. Madame Rose enferme la vache dans le garage. Elle a le plus beau jardin du village.
   Le Premier Ministre appelle Monsieur Lavie et achète un nouveau bouquet.
   Monsieur Lavie retrouve sa vache préférée. Il remet même de l'ordre dans le jardin.
   La vache Elise rejoint ses copines. Elle rêve d'une nouvelle aventure.

Texte 17 de la compréhension orale: Je préfère l'école allemande

Première partie

1. Avant d'écouter l'interview avec Muriel, lisez les mots nouveaux dans la case ci-dessous.

la scolarité:	die Schulzeit
le Brevet:	mittlere Reife (Abschlussdiplom vom Collège)
avec mention «très bien»:	mit Prädikat «sehr gut»
le pire:	das Schlimmste
le portail:	das Tor
le carnet de correspondance:	das Mitteilungsheft (muss der Schüler immer mit sich führen, dient als Kommunikationsmittel zwischen Eltern und Schule)

2. Écoutez maintenant l'interview avec Muriel qui parle du collège et répondez aux questions suivantes.

   a) De quel pays Muriel vient-elle? ____________________

   b) Depuis quand vit-elle en France? ____________________

   c) Quel bac va-t-elle passer à la fin de l'année scolaire? ____________________

   d) Muriel préfère-t-elle l'école en Allemagne ou en France? ____________________

   e) Jusqu'à quelle heure Muriel avait-elle cours au collège? ____________________

   f) Peut-on entrer ou sortir du collège comme on veut? ____________________

   g) Comment trouve-t-elle les professeurs au collège? ____________________

Deuxième partie

3. Écoutez la deuxième partie de l'interview où Muriel parle du lycée. Répondez aux questions.

   a) Le portail du lycée n'ouvre qu'à des horaires fixes. Pourquoi cela est-il un problème pour les élèves?

   ____

   b) Qu'est-ce que Muriel aime dans le lycée français? ____________________

   ____

   c) Qu'est-ce que Muriel dit sur ses camarades de classe?

   ____

   d) Quelle est la surprise de Tom pour Muriel? ____________________

Texte 17 de la compréhension orale: Je préfère l'école allemande

Première partie 28

Tom: Ici, c'est Radio Georges Duby, la radio faite par les lycéens pour les lycéens de notre École internationale Georges Duby. Je suis Tom et comme chaque mercredi, j'ai une ou un invité/-e de nos classes internationales avec moi qui va nous parler de sa scolarité en France. Aujourd'hui, c'est Muriel qui est en Terminale S. Bonjour Muriel.

Muriel: Bonjour Tom.

Tom: Tu viens de quel pays et depuis quand es-tu en France?

Muriel: Je viens d'Allemagne et je vis en France depuis trois ans. J'étais d'abord au collège en Troisième où j'ai passé mon Brevet. Depuis deux ans, je suis au lycée dans la section Abibac. Ça veut dire que je passerai le bac français et le bac allemand à la fin de cette année scolaire.

Tom: Wow, en venant directement d'Allemagne le Brevet! C'était certainement dur, non?

Muriel: Oui, une nouvelle classe, une nouvelle langue, même si je parlais déjà un peu le Français. Et le Brevet en plus, mais j'ai réussi et j'ai même eu la mention «très bien». Mais le plus dur pour moi c'était l'école.

Tom: Bravo, moi, j'ai eu seulement «mention bien». Mais comment ça, le plus dur, c'était l'école? Tu préférais l'école en Allemagne, pourquoi?

Muriel: Oui, d'abord, l'école finissait plus tôt, pas comme ici au collège où j'avais cours jusqu'à 16 h tous les jours, à part le mercredi. De plus, en Allemagne, on peut rentrer dans l'école et la quitter quand on veut. Le portail reste toujours ouvert. Pas comme ici où je dois montrer chaque fois mon carnet quand je veux entrer ou partir. Moi, j'étais au lycée en Allemagne, comme le lycée commence beaucoup plus tôt qu'en France. Les profs étaient stricts mais pas trop. Par contre ici au collège, les profs sont super stricts mais le niveau est un peu plus bas. J'avais un problème avec la langue certes, mais je connaissais déjà en partie le programme de la plupart des matières.

Tom: Des journées moins longues, des profs moins stricts, et aller et venir comme on veut. Quel bonheur!

Deuxième partie 29

Tom: Muriel maintenant tu es au lycée. Comment ça va alors? Tu trouves toujours une grande différence avec l'Allemagne?

Muriel: Je suis en Terminale S scientifique, cette différence n'existait pas comme ça en Allemagne, mais de toute façon avec la nouvelle réforme en France, cela n'existera plus l'année prochaine. Je pense que passer son bac n'est pas facile, ni en France ni en Allemagne. Mais ce qui m'énerve c'est que je dois toujours respecter les horaires fixes pour rentrer dans l'école. Si mon bus n'a que cinq minutes de retard, je vais rater toute une heure de cours parce que le portail de l'école est fermé. Et je vais être enregistrée absente.

Tom: Oui, j'ai raté comme ça au moins déjà dix heures de cours cette année. Mais n y'a-t-il pas des côtés positives à l'école en France?

Muriel: Si, les vacances. Elles sont plus longues en France et toujours d'une durée minimum de deux semaines. Et puis j'aime l'ambiance internationale. Ma meilleure copine est une Suédoise et dans ma classe il y a des Anglais.
Tom: En Allemagne, n'y a-t-il pas de classes internationales?
Muriel: Si, mais pas trop dans les lycées publics.
Tom: Regarde. J'ai quelque chose pour toi que tu ne trouveras pas en Allemagne.
Muriel: Ah, c'est quoi?
Tom: Un bon croissant français. Ça va adoucir ta journée à l'école. Merci pour l'interview.
Muriel: Miam, c'est bon. Merci Tom. C'est vrai, des croissants comme ça, il n'y en a pas en Allemagne.

Lösungen

2. a) Muriel vient d'Allemagne.
   b) Elle vit en France depuis trois ans.
   c) Elle va passer l'Abibac: le bac allemand et le bac français à la fin de l'année scolaire.
   d) Muriel préfère l'école en Allemagne.
   e) Au collège, Muriel avait cours tous les jours jusqu'à 16 heures, sauf le mercredi.
   f) Non, il faut toujours montrer son carnet de correspondance.
   g) Elle trouve les professeurs au collège beaucoup plus stricts.
3. a) Si le bus est en retard de cinq minutes, on rate son cours et on est enregistré absent.
   b) Muriel aime les vacances qui sont plus longues et d'une durée minimum de deux semaines.
   c) Dans sa classe, il y a des Anglais et sa meilleure copine est une Suédoise.
   d) Tom a un croissant pour Muriel.

Texte 18 de la compréhension orale: L'école au paradis

Première partie

1. Écoutez le récit sur Juliette et répondez aux questions.

   a) Quelle âge a-t-elle? ______________________________

   b) Qu'est-ce qu'elle aime? ______________________________

   c) Avec qui habite-t-elle? ______________________________

   d) Où habite-t-elle? ______________________________

   e) Qu'est-ce qu'il y a dans son jardin? ______________________________

   f) Dans quel pays habite-t-elle? ______________________________

2. Écoutez une deuxième fois le texte et complétez les informations sur la Polynésie française.

   La Polynésie Française est un ________, ça veut dire une Collectivité d'Outre-Mer. Cette collectivité se trouve à __________ kilomètres de l'Australie. On y compte ________ îles, mais seulement ______ îles sont habitées. La ____________ est Papeete et elle se trouve sur Tahiti, une île en face de Moorea.

Deuxième partie

3. Écoutez maintenant comment Juliette se rend à l'école. Complétez les phrases par le bon moyen de transport et la bonne indication de temps. Servez-vous de la case ci-dessous.

vélo	bateau (2x)	bus (2x)	45 min (2x)	1h 20	7h 15
15 h	5 h 05	13 h 30	5 h 50	20 min	15 min

   L'école commence à ________ et elle finit à __________.

   Le mercredi l'école finit à __________.

   Pour aller à l'école, Juliette doit prendre le _______, le __________et le _______.

   Il faut _______ pour aller de chez elle jusqu'au port de Moorea.

   Le ____________met ________ pour aller de Moorea à Tahiti. Le ______ met ___________ pour aller à l'école.

   Si on fait le compte, Juliette a besoin en tout de _______ pour aller à l'école.

   Juliette doit se lever à _______ et partir à ________ de chez elle.

   Elle a besoin de ______ pour prendre le petit déjeuner, s'habiller, se laver les dents et surtout faire des câlins à Choupette et Frimousse.

Texte 18 de la compréhension orale: L'école au paradis

Première partie 30

Je vais vous parler d'une fille extraordinaire.

Elle s'appelle Juliette. Elle a 14 ans, elle adore le chocolat, elle s'intéresse à la mode et aime les chats comme beaucoup d'autres filles. Rien d'extraordinaire jusque-là. Elle vit avec sa famille, son frère Théo qui a 16 ans, sa mère Stéphanie, son père Henri et ses deux chats Choupette et Frimousse. Ils ont une grande maison avec un super jardin. Ce jardin est très beau et ça sent bon avec toutes ces fleurs. On y trouve des fleurs de toutes les couleurs et des fruits exotiques comme des ananas, des papayes, des bananes et des goyaves. Le jardin donne directement sur la mer. Une mer bleu azur où l'on peut trouver des milliers de poissons multicolores. Chaque matin, quand Juliette va à l'école, elle doit quitter ce petit paradis, mais elle va en retrouver un autre à la place. Vous voulez certainement savoir où se trouvent ces deux paradis? En France. Tout simplement. Mais pas n'importe où en France.

Juliette habite sur une île qui s'appelle Moorea et qui fait partie de la Polynésie Française. La Polynésie Fançaise est un COM, ça veut dire une Collectivité d'Outre-Mer. Cette collectivité se trouve à 6 000 kilomètres de l'Australie. On y compte 118 îles, mais seulement 76 îles sont habitées. La capitale est Papeete et elle se trouve sur Tahiti, une île en face de Moorea. Et c'est à Papeete que se trouve l'école de Juliette. Donc Juliette saute d'une île à l'autre juste pour aller à l'école. Quelle aventure!

Deuxième partie 31

Juliette adore l'école. Sa matière préférée, c'est l'EPS. On peut la comprendre. Qui n'aimerait pas nager dans la mer avec des poissons exotiques pendant son cours de sport.

Mais pour aller à l'école, Juliette doit se lever très tôt. L'école commence déjà à 7 h 15 et elle finit à 15 h sauf le mercredi, où elle finit à 13 h 30. Pour aller à l'école, Juliette doit prendre le vélo, puis le bateau et le bus. Il lui faut 15 minutes pour aller à vélo de chez elle jusqu'au port de Moorea. Ensuite, le bateau met 45 minutes. Et le bus a besoin de 20 minutes pour aller à l'école. Si on fait le compte, Juliette a besoin en tout d'1 h 20 pour aller à l'école. Pour ne pas être en retard, Juliette doit donc se lever à 5 h 05 et partir à 5 h 50 de chez elle. Elle a besoin de 45 minutes pour prendre le petit déjeuner, s'habiller, se laver les dents et surtout faire des câlins à Choupette et Frimousse. Se lever à 5 h 05, c'est bien tôt, non? Mais c'est le prix à payer quand on habite au paradis. Mais quelquefois, Juliette ne va pas à l'école quand le bateau est en panne ou en cas de tempête.

Lösungen

1. a) Elle a 14 ans.
   b) Elle aime le chocolat, la mode et les chats.
   c) Elle habite avec sa famille, son frère Théo qui a 16 ans, sa mère Stéphanie, son père Henri et ses deux chats Choupette et Frimousse.
   d) Elle habite dans une grande maison avec un super jardin.
   e) Dans son jardin, il y a des fleurs de toutes les couleurs et des fruits exotiques, comme des ananas et des bananes.
   f) Elle habite en France, en Polynésie Française.
2. La Polynésie Française est un **COM**, ça veut dire une Collectivité d'Outre-Mer. Cette collectivité se trouve à **6000** kilomètres de l'Australie. On y compte **118** îles, mais seulement **76** îles sont habitées. La **capitale** est Papeete et elle se trouve sur Tahiti, une île en face de Moorea.
3. L'école commence à **7 h 15** et elle finit à **15 h**.
   Le mercredi, l'école finit à **13 h 30**.
   Pour aller à l'école, Juliette doit prendre le **vélo**, le **bateau** et le **bus**.
   Il faut **15 min** à vélo pour aller de chez elle jusqu'au port de Moorea.
   Le **bateau** met **45 min** pour aller de Moorea à Tahiti. Le **bus** met **20 min** pour aller à l'école.
   Si on fait le compte, Juliette a besoin en tout d'**1 h 20** pour aller à l'école.
   Juliette doit se lever à **5 h 05** et partir à **5 h 50** de chez elle.
   Elle a besoin de **45 min** pour prendre le petit déjeuner, s'habiller, se laver les dents et surtout faire des câlins à Choupette et Frimousse.

Jederzeit optimal vorbereitet in den Unterricht?